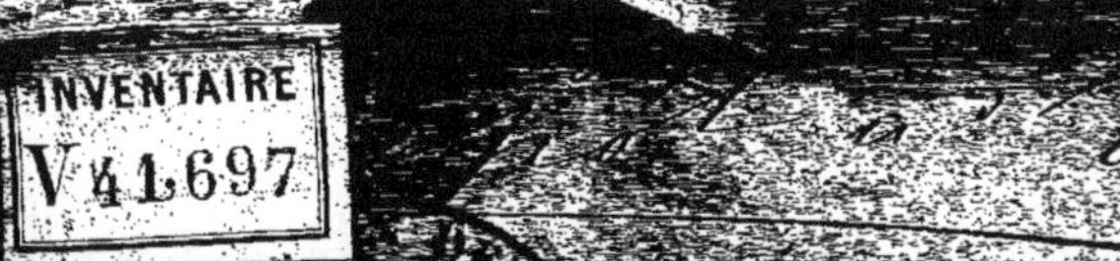

CALCULS

DES

POIDS DES VOLANTS

A EMPLOYER POUR LES

MACHINES A DÉTENTE DE VAPEUR,

SANS BALANCIER,

DANS LE CAS OÙ LA LONGUEUR DE LA BIELLE EST ÉGALE A QUATRE
FOIS & DEMIE CELLE DE LA MANIVELLE;

PAR

M. A. HOCHEREAU,

ANCIEN ÉLÈVE DE L'ÉCOLE POLYTECHNIQUE ET CAPITAINE D'ARTILLERIE,
ANCIEN DIRECTEUR DE LA SOCIÉTÉ DE HAINE-SAINT-PIERRE.

BRUXELLES,
LIBRAIRIE POLYTECHNIQUE DE A. DECQ,
9, rue de la Madeleine, 9.
LIÉGE, MÊME MAISON.
1869

CALCULS

DES

POIDS DES VOLANTS.

EXTRAIT DES ANNALES DES TRAVAUX PUBLICS DE BELGIQUE, T. XXVI.

C.

IMP. DE B.-J. VAN DOOREN, CHAUSSÉE DE WAVRE, 25.

CALCULS

DES

POIDS DES VOLANTS

A EMPLOYER PÓUR LES

MACHINES A DÉTENTE DE VAPEUR,

SANS BALANCIER,

DANS LE CAS OU LA LONGUEUR DE LA BIELLE EST ÉGALE A QUATRE
FOIS & DEMIE CELLE DE LA MANIVELLE;

PAR

M. A. HOCHEREAU,

ANCIEN ÉLÈVE DE L'ÉCOLE POLYTECHNIQUE ET CAPITAINE D'ARTILLERIE,
ANCIEN DIRECTEUR DE LA SOCIÉTÉ DE HAINE-SAINT-PIERRE.

BRUXELLES.

LIBRAIRIE POLYTECHNIQUE DE A. DECQ,
9, rue de la Madeleine, 9.
LIÉGE, MÊME MAISON.

1869

CALCULS

DES

POIDS DES VOLANTS

A EMPLOYER POUR LES

MACHINES A DÉTENTE DE VAPEUR,

SANS BALANCIER,

DANS LE CAS OU LA LONGUEUR DE LA BIELLE EST ÉGALE A QUATRE
FOIS ET DEMIE CELLE DE LA MANIVELLE.

Il est démontré, dans les traités de mécanique, qu'un mètre cube de vapeur d'eau, à la pression atmosphérique, produisant à pression continue un travail de 10333^{km} produit à la détente 2 un travail égal à   17496

»	3	»	21686
»	4	»	24658
»	5	»	26964
»	6	»	28848
»	8	»	31820
»	10	»	34127
»	15	»	38317
»	20	»	41289

En présence des avantages économiques qu'offre l'expansion de la vapeur, et que ces chiffres démontrent, on

1*

est surpris de ce qu'il n'existe qu'un nombre relativement fort petit de machines à détente.

Car, prenons, pour exemple, une machine de 20 chevaux, à pression continue et sans condensation, consommant environ 6^k de charbon par force de cheval et par heure, il y aurait évidemment grand avantage à la remplacer par une machine fonctionnant, par exemple encore, à la détente 5 ou à la détente 6, et qui ne consommerait que $\frac{10333}{26964} \times 6 = 2^k,28$, ou $\frac{10333}{28848} \times 6 = 2^k,15$, et moins encore en augmentant le degré de détente.

Ces indications sont théoriques : elles font abstraction des contre-pressions : mais en admettant que, pratiquement, l'emploi de la détente ne procure qu'une économie de 50 p. % seulement sur la consommation du combustible, cette consommation serait réduite de 60^k par heure, de 720^k pour 12 heures, ou enfin de 216 tonnes pour 300 jours de travail, ce qui, en ne comptant le charbon qu'à 14 fr. par tonne, présenterait une économie de 3,000 fr., soit environ 20 p. % du prix de la machine, ce qui mérite quelque attention.

Lorsqu'il est aisé de réaliser une économie aussi importante, on ne peut attribuer, paraît-il, ce rare emploi de la vapeur à expansion, qu'à ce que les constructeurs n'ont pas à leur disposition des formules qui leur donnent de suite, ou sans exiger beaucoup de travail, le poids des volants pour divers degrés de tension de vapeur et de détente, et pour divers rapports de longueur entre la bielle et la manivelle. Ils n'ont pas le temps de faire des calculs minutieux, et que leur multiplicité, ainsi que leur fastidieuse uniformité rendent abrutissants.

L'application de formules calculées pour certains degrés de détente, pour certaines tensions de vapeur, et pour certaines proportions de bielles, à des machines qui n'étaient pas dans les mêmes conditions, ayant donné lieu à des mécomptes, il en est résulté que les constructeurs et les acquéreurs ont, assez généralement, une tendance à ne construire ou à ne faire établir, que des machines à pression continue, ou à détente de vapeur, dans des proportions connues et bien éprouvées.

Cette explication plausible d'un état de choses qui est contraire à l'intérêt général, montre qu'il est nécessaire de combler une lacune qui existe dans les ouvrages de mécanique. Le travail que nous publions ne la comble qu'en partie, mais il permettra d'attendre que d'autres calculateurs le complètent, et jusque là on pourra en faire usage, sans autre inconvénient que de donner un peu trop de poids aux volants des machines dont les bielles auraient plus de 4 1/2 fois la longueur de la manivelle, ou qui auraient un balancier, parce que leur travail est plus régulier que celui des machines sans balancier, et à bielles égales à 4 1/2 fois la manivelle, pour lesquelles ces calculs sont faits.

Le volant étant une pièce brute et peu coûteuse, un excès de poids ne donnera jamais lieu à une dépense notable.

Les coëfficients pour le poids des volants variant avec la tension initiale de la vapeur, les calculs qui suivent ont été établis pour la tension de 5 atm. qui est souvent employée, pour celle de 6 atm. que l'on commence à employer, et pour celles de 7 et de 8 atm. qui devraient l'être, et qui le seront probablement dans peu d'années. Il est évident, en effet, que lorsque les locomotives peuvent fonctionner à 8, et même à 10 atm. de tension, quoique les coins des foyers, les entretoises, les tubes et les prises de vapeur exigent de grands soins, pour éviter les fuites d'eau ou de vapeur, la fabrication des générateurs fixes ne peut présenter aucune difficulté pour ces tensions.

L'emploi des hautes tensions et des grandes détentes offre non-seulement une économie directe, mais une économie indirecte, par ce fait que la consommation de vapeur étant réduite, il sera possible quelquefois d'employer la condensation, qui alors exigera beaucoup moins d'eau que pour une machine fonctionnant à pression continue ou à petite détente.

Il est donc à désirer que l'on complète ce travail, qui n'est pas une œuvre de science, mais un ouvrage de patience que peut faire tout élève mécanicien sachant se servir des logarithmes et des formules trigonométriques : on atteindrait facilement le but dans les écoles industrielles, en chargeant chaque élève de faire le travail relatif à un degré de détente, ce qui serait utile pour son instruction.

Nous espérons qu'il en sera ainsi, et c'est pour cela que nous donnons quelques détails de nos calculs, parce qu'il pourra être utile de connaître la marche suivie pour l'améliorer, et pour qu'il y ait concordance entre les travaux.

Marche adoptée pour déterminer les coëfficients relatifs aux volants.

La formule qui sert à calculer le poids P que l'on doit donner à la jante d'un volant, est (Morin, *Leçons de mécanique*, 3e partie, Paris, 1846) $PV^2 = 44139,6 \times B \times \dfrac{n.N}{m}$,

dans laquelle V est la vitesse, par seconde, du centre de gravité de la section de la jante,

n est le coëfficient de régularité,

N est la force effective, en chevaux, de la machine,

m est le nombre de tours du volant, en une minute.

B est le quotient du plus grand excès positif ou négatif, du travail, relativement au travail moyen, divisé par le travail total.

Pour déterminer la valeur de B, on trace une ligne dont

la longueur représente le développement de la circonférence décrite par le bouton de la manivelle : on divise cette ligne en un nombre pair de parties égales, et, aux points de division, on élève des ordonnées qui représentent la pression exercée en chaque point sur le bouton de la manivelle : on trace la courbe passant par les extrémités des ordonnées, tant pour la marche directe que pour la marche rétrograde du piston, et l'espace compris entre cette courbe (dont une partie peut être négative) et la ligne tracée primitivement, représente le travail total.

Ce travail total est donné par la formule

$$2\,P\,V\left(1 \text{ log. hyp. } \frac{V_1}{V} - \frac{P'}{P_1}\right), \text{ dans laquelle}$$

P est la tension de la vapeur au moment où elle est admise sur le piston,

V est le volume de vapeur admise à pleine tension sur l'unité de surface,

V_1 est le volume de vapeur, sur l'unité de surface, pour la course entière,

P' est la tension résistante que nous supposerons être de $1^{atm},1 = 1^k,1363$ par centimètre carré, lorsque la vapeur s'échappe à l'air libre, et à $0^k,1033$, lorsque la machine est à condensation.

P_1 est la tension de la vapeur à la fin de la course totale.

V étant égal à l'unité de surface multipliée par la course à pleine tension, et V_1 étant égal à l'unité de surface multipliée par la course du piston, pour un demi mouvement, ils peuvent être remplacés par ces courses.

La valeur du travail étant calculée, on la divise par la longueur développée de la circonférence décrite par le bouton de la manivelle, ce qui donne la pression moyenne sur ce bouton. On porte cette pression moyenne sur l'épure du travail; et, par la méthode de Th. Simpson, on calcule le plus grand excès positif ou négatif. En divisant ce plus grand excès par le travail total on a le coëfficient B.

La circonférence a été divisée en 48 parties égales, soit de $7°,30'$ chacune, afin de réduire beaucoup, dans le calcul des surfaces, les erreurs qui résultent de l'emploi de la méthode de Simpson.

La force agissant sur un centimètre carré du piston à vapeur étant F, la longueur de la manivelle étant 1, celle de la bielle étant 4, 5, voici la marche suivie pour déterminer la force F''' appliquée au bouton de la manivelle, perpendiculairement à la longueur de cette pièce, et qui produit le mouvement de rotation :

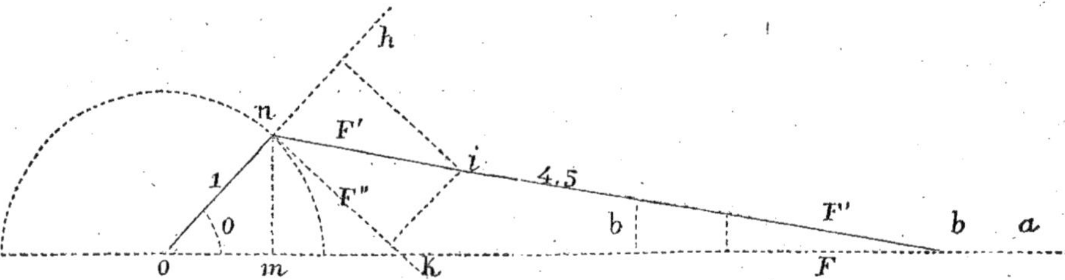

la bielle étant dans la position bn, et la manivelle dans la position on, ces deux pièces faisant respectivement des angles b et o avec l'horizontale, la force F, appliquée au piston, se décomposera en deux forces, dont l'une, F' dirigée suivant la bielle, sera telle que l'on aura $F'.\cos b = F$, d'où $F' = \dfrac{F}{\cos b}$, et cette force étant transportée, en grandeur et en direction, en in, se décomposera en deux forces, dont l'une, dirigée de h vers n, tendra à pousser la manivelle de h vers o, et dont l'autre agira perpendiculairement à la direction de la manivelle qu'elle fera tourner. On aura pour cette composante F'', $F'' = F'$. Cos. ink; l'angle $ink = bno$ — onk; $bno = 180° — (o + b)$, et $onk = 90°$, par conséquent $ink = 90° — (o + b)$: donc $F'' = F'$. Cos. $(90° — (o + b)) = F'$ cos. $(90° — o — b)$, et l'on a en substituant à F' sa valeur,

$$F'' = F. \frac{\cos (90° — o — b)}{\cos b}.$$

Avant que le piston se meuve, la bielle et la manivelle occupent la position $ao = 1 + 4,5 = 5,5$; lorsque le bouton de la manivelle arrive au point n, et lorsque la bielle prend la position bn, sa tête a parcouru le chemin ab ; la course du piston est donc égale à $5,5 — (om + bm) = 5,5 — om — bm$.

Lorsque la bielle et la manivelle font ensemble un angle aigu, on a $F'' = F'$. Cos. inh, mais $inh = 90° — bno$, et $bno = 180° — o — b$, donc

$$F'' = F'. \text{Cos.} (o + b — 90°) \text{ et } F'' = F.\frac{\cos (o + b = 90°)}{\cos. b}.$$

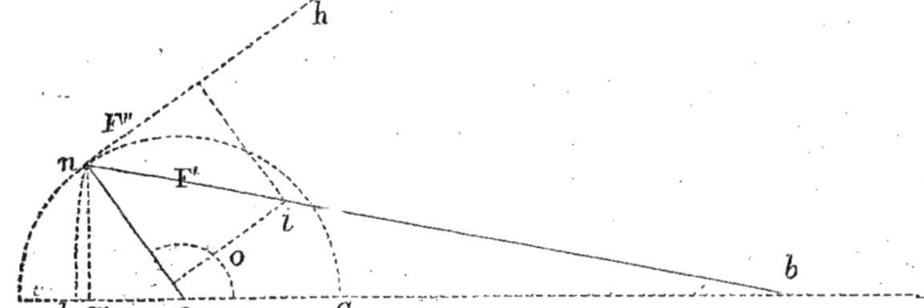

Dans l'origine l'extrémité de la bielle était en c, si, lorsqu'elle est dans la position bn, on la rabat sur la ligne horizontale, cd sera l'espace parcouru par le piston, et l'on a $cd = co + od = 1 + od$; mais $od = bd — bo$, en $bo = bm — mo$, donc $od = bd - bm + mo$; $cd = 1 + bd - bm + mo = 1 + bd + mo - bm$, et enfin, course du piston $= 1 + 4,5 + om - bm$.

Pour le mouvement rétrograde, en comptant l'angle o depuis 180°, on aura $F'' = F \dfrac{\cos.\,(90° + b - o)}{\cos.\,b}$, et, lorsque l'angle formé par la bielle et par la manivelle sera obtus, on aura $F'' = F.\ \dfrac{\cos.\,(o - b - 90°)}{\cos.\,b}$.

Telles sont les formules au moyen desquelles la force F'' a été calculée. On trouvera, ci-après, les calculs pour les angles 7°.30′ et 15° : nous les avons choisis, comme exemples de la marche suivie, parce que, dans le premier cas, on doit faire usage de la table aux différences secondes, tandis que, dans le second cas, on suit la marche la plus générale.

Angle de 7°30′.

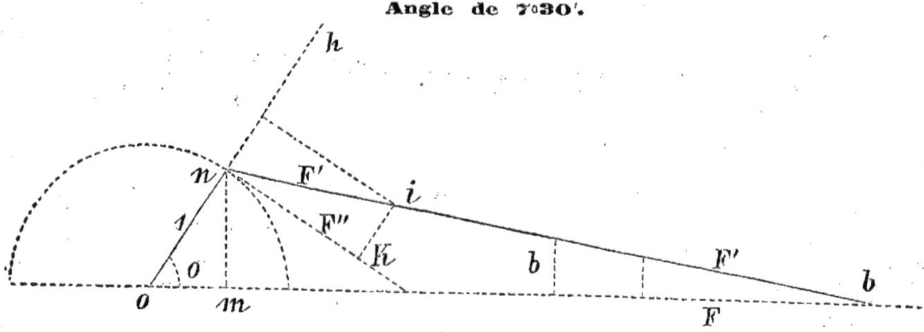

Pour avoir la valeur de cos. b, il faut déterminer celle de om et celle de nm, et, en calculant celle de bm, on aura les éléments nécessaires pour déterminer la course du piston.

On a : $om : \cos.\,o :: 1 : R$; $om = \dfrac{\cos.\,o}{R}$; $\log.\,om = \log.\,\cos.\,o - \log.\,R = \log.\,7°.30′ - 10$; $\log.\,\cos.\,7°.30′ = 9,9962686$;

log. $om = 9,9962686 — 10 = — 0,0037314$; ajoutant 4 unités à la caractéristique, $4 — 0,0037314 = 3,9962686$; ce log. est compris entre ceux de 9914 et de 9915 : le premier est $3,9962489$ et sa différence avec le suivant est $0,0000438$; $3,9962686 — 3,9962489 = 0,0000197$; on a donc $0,0000438 : 1 :: 0,0000197 : x = 0,45$: ainsi

$3,9962686 = $ log. $9914,45$; retranchant les 4 unités ajoutées à la caractéristique, et reculant la virgule de 4 rangs au nombre du second membre, on a
$3,9962686 — 4 = — 0,0037314 = $ log. $0,991445$,
ou $\qquad\qquad om = 0,991445$;

$$nm = \sqrt{1 - \overline{om}^2} = \sqrt{1 - \overline{0,991445}^2} \qquad nm = 0,130525 ;$$

$$bm = \sqrt{\overline{bn}^2 - \overline{nm}^2} = \sqrt{\overline{4.5}^2 - \overline{0,130525}^2} \qquad bm = 4,498106 ;$$

course du piston $ab = 5,5 — (om + bm) \qquad ab = 0,010449$.

$$\text{Cos. } b : bm :: R : bn ; \text{ cos. } b = \frac{bm}{bn} . R = \frac{4,498106}{4,5} . 10^{10}$$
$$= 0,999579 . 10^{10} ;$$

Log. cos. $b = $ log. $0,999579 + 10$; avançant la virgule de 4 rangs, log. $9995,79$ est compris entre les log. de 9995 et de 9996 : le premier est $3,9997828$ et sa différence avec le suivant est $0,0000434$, on a donc
$1 : 0,0000434 :: 0.79 : x = 0,0000343 : $ log. $9995,79$
$= 3,9997828 + 0,0000343,$ log. $9995,79 = 3,9998171$;
ôtant 4 unités à la caractéristique, et en ajoutant 10, on a
enfin $\qquad\qquad$ Log. cos. $b = 9,9998171$.

Ce log. est compris entre log. cos. $1°.39'$ et log. cos. $1°.40'$; le premier est $9,9998199$ et sa différence avec le suivant est $0,0000037$;

$9,9998199 - 9,9998171 = 0,0000028 ; 0,0000037 : 1'$
$\because 0,0000028 : x = 0,7568,$ donc

$$b = 1°.39',7568 ; \quad F'' = F \frac{\cos. (90° - 7°.30' - 1°39',7568)}{\cos. b}$$

$$= F \frac{\cos. 80°.50',2432}{\cos. b} = F \frac{\sin. 9°.9',7568}{\cos. b} :$$

Log. $F'' = $ log. $F + $ log. sin. $9°.9',7568 - 9,9998171$;

Log. sin. $9°.9' = 9,2014509,$ et sa différence avec le suivant est $0,0007836$; on a donc $1' : 0,0007836 \because$ $0',7568 : x = 0,0005930$;

Log. sin. $9°.9',7568 = 9,2014509 + 0,0005930 = 9,2020439$; mais cet angle étant inférieur à $12°,$ le log. de son sinus doit être corrigé : $9°.9',7568 = 9°.9'.45'',41$: $45'',41$ est compris entre $45''$ et $46'',$ et l'on voit au tableau des différences secondes qu'il est compris entre $0,094$ et $0,090$ dont la différence est $0,004$;

$1'' : 4 \because 0'',4 : x = 1,64$; retranchant $1,64$ de $94,$ on a $94 - 1,64 = 92,36,$ ou $0,092$; multipliant ce nombre par la différence 14 entre les différences tabulaires $7836, 7822,$ de sin. $9°.9'$ à sin. $9°.10'$ et de sin. $9°.10'$ à sin. $9°.11',$ on a $0,092 \times 14 = 1,288$; ajoutant ce nombre au log. trouvé, on a

Log. sin. $9°.9',7568 = 9,2020439 + 0,0000001 = 9,2020440.$

Log. $F'' = $ log. $F + 9,2020440 - 9,9998171 = $ log. F $- 0,7977731$; ajoutant 4 à la caractéristique, $4 - 0,7977731 = 3,2022269$; ce log. est compris entre ceux de 1593 et de 1594 ; le premier est $3,2022158,$ et sa différence avec le second est $0,0002725$; $3,2022269 - 3,2022158 = 0,0000111$;

$0,0002725 : 1 \because 0,0000111 : x = 0,04$; $3,2022269$ $= $ log. $1593,04$; reculant la virgule de 4 rangs puisqu'il faut ôter 4 unités à la caractéristique, on a enfin $F'' = 0,159304.F.$

Angle de 15°.

$$om = \frac{\cos.\ 0}{R} = \frac{\cos.15°}{10^{10}} ; \log.\ om = \log.\cos.15° - 10$$

$= 9,9849438 - 10 = - 0,0150562$: ajoutant 4 unités
à la caractéristique, $4 - 0,0150562 = 3,9849438$; ce
log. est compris entre ceux de 9659 et de 9660; le premier est 3,9849322, et sa différence avec le suivant est
$0,0000449$; $3,9849438 - 3,9849322 = 0,0000116$;

$0,0000449 : 1 :: 0,0000116 : x = 0,26$; $3,9849438 =$
log. 9659,36, ôtant 4 unités à la caractéristique, et reculant la virgule de 4 rangs $\qquad om = 0,965926$;

$$nm = \sqrt{1 - \overline{om}^2} = \sqrt{1 - \overline{0.965926}^2} \qquad nm = 0,258818 ;$$

$$bm = \sqrt{\overline{bn}^2 - \overline{nm}^2} = \sqrt{\overline{4.5}^2 - \overline{0,258818}^2} \quad bm = 4,492551 ;$$

Course du piston, $ab = 5,5 - (om + bm) = 5,5 - 0,965926$
$- 4,492551 \qquad\qquad\qquad\qquad ab = 0,041523.$

$$\text{Cos.}\ b = \frac{bm}{bn}\ R = \frac{4.492551}{4.5}\ .\ 10^{10} = 0,998345.10^{10} ; \log.\cos. b$$
$= \log.\ 0,998345 + 10 ;$

avançant la virgule de 4 rangs, log. 9983,45 est compris
entre ceux de 9983 et de 9984; le premier est 3,9992611,
et sa différence avec le suivant est 0,0000435;

$1 : 0,0000435 :: 0,45 : x = 0,0000196$; log. 9983,45
$= 3,9992611 + 0,0000196 = 3,9992807$; ôtant 4 unités
à la caractéristique et en ajoutant 10, log. cos. $b =$
9,9992807;

Ce log. est compris entre ceux de cos. 3°.17' et de cos.
3°.18'; le premier est 9,9992865 et sa différence avec le
suivant est 0,0000072,

$$9,9992865 - 9,9992807 = 0,0000058 ; 0,0000072 : 1'$$

$$\because 0,0000058 : x' = 0,8056 \text{ donc } b = 3°.17',8056, \text{ ou}$$

$$b = 3°.17'.48'',34 ;$$

$$F'' = F \frac{\cos. (90° - o - b)}{\cos. b} = F \frac{\cos. (90° - 15° - 3°.17',8056)}{\cos. b}$$

$$= F \frac{\cos. 71°.42',1944}{\cos. b} = F \frac{\sin. 18°.17',8056}{\cos. b} ;$$

Log. F'' = log. F + log. sin. 18°.17',8056 — 9,9992807 ;
log. sin. 18°.17' = 9,4965370, et sa différence avec le suivant est 0,0003822, on a donc 1' : 0,0003822 $\because$ 0,8056 : x = 0,0003079.

Log. sin. 18°.17',8056 = 9,4965370 + 0,0003079 = 9.4968449.

Log. F'' = log. F + 9,4968449 — 9,9992807 = log. F — 0,5024358 : ajoutant 4 unités à la caractéristique, 4 — 0,5024358 = 3,4975642 ; ce log. est compris entre ceux de 3144 et de 3145 ; le premier est 3,4974825 et sa différence avec le suivant est 0,0001381 ; 3,4975642 — 3,4974825 = 0,0000817 ; on a donc 0,0001381 : 1 $\because$ 0,0000817 : x = 0,59 ; 3,4975642 = log. 3144,59 : ôtant 4 unités à la caractéristique, et reculant la virgule de 4 rangs on a — 4 + 3,4975642 = — 0,5024358 = log. 0,314459, donc $\qquad F'' = 0,314459.F$.

Ces calculs ayant été faits pour tous les angles de la colonne 2 du tableau 1, on a obtenu : 1° les angles b (colonne 3) de la bielle correspondant à chacun des angles de la manivelle ; 2° la course du piston (colonne 4) ; 3° la valeur générale de F'' (colonne 5).

Mais le piston à vapeur éprouvant une résistance que l'on peut estimer, par centimètre carré à 1^{atm}.1 = 1^{k},1363, lorsque l'échappement de la vapeur se fait à l'air libre, et à 0^{atm}.1, = 0^{k},1033, lorsque la machine est à condensation, ces résistances ont été mises pour F dans les valeurs générales de F'', et l'on a obtenu ainsi les résistances portées aux colonnes 6 et 7.

Avec ce tableau, on peut calculer les valeurs de F'' pour un degré donné de détente : il faut multiplier le coëfficient de F'' par la tension initiale de la vapeur par centimètre carré sur le piston, et par le quotient de la course à pleine tension divisée par la course jusqu'au point que l'on considère ; puis il faut retrancher du produit le chiffre correspondant de la colonne 6 ou de la colonne 7, selon que la vapeur s'échappe à l'air libre ou dans un condenseur.

Ainsi, supposons que l'on veuille connaître la pression sur la manivelle sous l'angle de $127°.30'$, la tension par centimètre carré sur le piston étant de 7 atm., la machine fonctionnant à la détente de 10 fois le volume primitif, et à condensation : on a $F'' = 0,684320.F$; $F = 7$ atm. $= 7.1,033 = 7^k,231$; la course simple étant 2, la course à pleine tension sera $0,2$, et la course pour la position de $127°,30'$ est $1,679247$; la résistance due au condenseur est alors $0,070690$; on a donc $F'' = 0,684320 \times \dfrac{0,2}{1,679247} \times 7^k,231 - 0,070690$, d'où $F'' = 0,518651$: on aura la pression totale, tendant à faire tourner la manivelle, et agissant en ce point, en multipliant ce résultat par la surface du piston en centimètres carrés.

On voit que par suite de la décomposition, suivant la direction de la bielle, de la force agissant sur le piston, celle F'' qui agit sur la manivelle est plus grande que la première sous les angles $67°.30',75°,82°.30'$, et $277°.30',285°$, $292°.30'$, que fait la manivelle avec l'horizontale.

Cas particulier de la bielle faisant un angle droit avec la manivelle.

Il est intéressant de faire les mêmes calculs pour ce cas particulier, parce qu'alors la force F'' atteint son maximum, et parce qu'après avoir agi en dessus de la bielle et en abaissant la manivelle, la composante représentée par hn lorsque l'angle n est obtus, prend la direction on, lorsque l'angle n devient aigu, agit en dessous de la bielle, et tend à soulever la manivelle.

L'expression de F'', $F'' = F . \dfrac{\cos. (90° - o - b)}{\cos. b}$ devient

$$F'' = F . \frac{\cos. (o + b - 90°)}{\cos. b}.$$

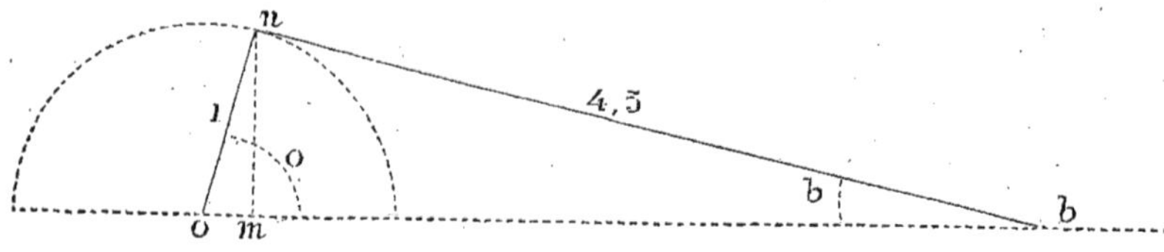

on a $ob = \sqrt{1 + \overline{4,5}^2} = 4{,}609770$; course du piston
$ab = 1 + 4{,}5 - ob,$ $\qquad\qquad ab = 0{,}890230$;

on a aussi $\cos. b : 4{,}5 :: R : ob$, d'où l'on déduit
$$b = 12°.31',7121$$
$$o = 77°.28',2879$$
et en substituant ces angles dans l'expression de F'' on a
$$F'' = 1{,}024390.$$

L'angle o étant connu, le développement de l'arc parcouru par le bouton de la manivelle sera donné par

180° : 77°.28′,2879 :: 3,14159265 : x; réduisant les degrés en minutes, on a $x = 1,352132139$.

Nous avons indiqué précédemment le moyen de calculer la valeur de F'' pour un degré donné de détente : on pourra donc en traçant une ligne représentant le développement de la circonférence dont le rayon est 1, et par conséquent égale à $3,14159265 \times 2$, et en divisant cette ligne en 48 parties égales, chacune, à 0,13089969, et en élevant, à chaque point de division, des perpendiculaires sur lesquelles on portera les valeurs de F'', on pourra, disons-nous, en traçant la courbe passant par les sommets de ces ordonnées, avoir la surface représentant le travail sur le bouton de la manivelle; mais il faut encore calculer les angles o et b de la manivelle et de la bielle sous lesquels la pleine tension cesse, l'arc développé parcouru par le bouton de la manivelle jusqu'à ce point, et la force F'' qui lui est alors appliquée.

Nous allons faire ces calculs pour le cas où la vapeur est admise sur le piston pendent $\frac{1}{15}$ de sa course, pour la marche directe et pour la marche rétrograde.

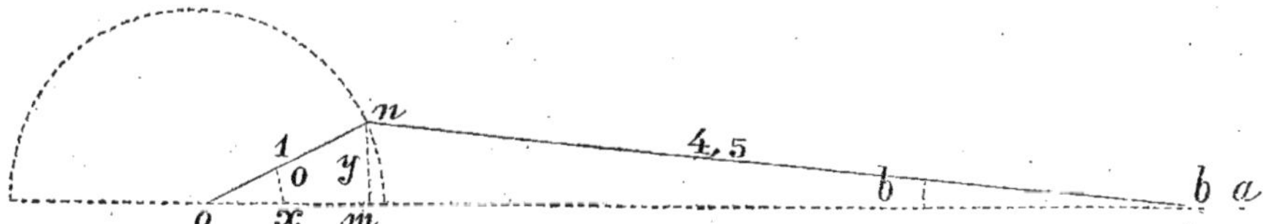

Marche directe. On aura $ab = \frac{1}{15}$ de $2 = 0,133333...$, et, par conséquent, $ob = 1 + 4,5 - 0,133333... = 5,366667$: posons $om = x$, d'où $bm = 5,366667 - x$, soit $nm = y$: on aura $x^2 + y^2 = 1$ (1), et $(5,366667 - x)^2 + y^2 = \overline{4,5}^2 = 20,25$ (2), d'où, en effectuant les opérations, et en retranchant, membre à membre, l'équation (1) de l'équation (2), on tire

$$x = om = 0,88985,$$
$$y = nm = 0,45625,$$
$$bm = 4,47682.$$

Cos. $0 : R :: om : 1$; log. cos. $o = $ log. $om + 10$; effectuant les opérations, on trouve

$$\text{Log. cos } o = 9,9493168,$$
$$o = 27°.8',736,$$

Cos. $b = \dfrac{bm}{bn} \times R$: effectuant les opérations, on trouve

$$\text{Log. cos. } b = 9,9977771,$$
$$b = 5°.47',5235.$$

$$F'' = F \frac{\cos. (90° - o - b)}{\cos. b} = F \frac{\sin. 32°.56',2595}{\cos. b}, \text{ effec-}$$

tuant les opérations, on trouve $\quad F'' = 0,546516 \times F$

Telle est la valeur de la force qui agit sur le bouton de la manivelle, lorsque le piston arrivant à $\dfrac{1}{15}$ de sa course à pleine tension, la détente va commencer.

L'angle o étant égal à 27°.8',736, le développement de son arc est donnée par 360° : 3,14159265 $\times$ 2 :: 27°.8', 736 : $x = 0,473780$, qui est la distance, sur la circonférence développée, à compter de l'origine du mouvement direct, de l'ordonnée égale à cette dernière valeur de F''.

L'angle o montre qu'elle sera placée entre les ordonnées 4 et 5, et l'on obtiendra les valeurs suivantes de F'' en multipliant chacune des valeurs de F'' (tableau 1 colonne 5) par la course du piston à pleine tension, divisée par sa course correspondant à la valeur de F'' dont on s'occupe.

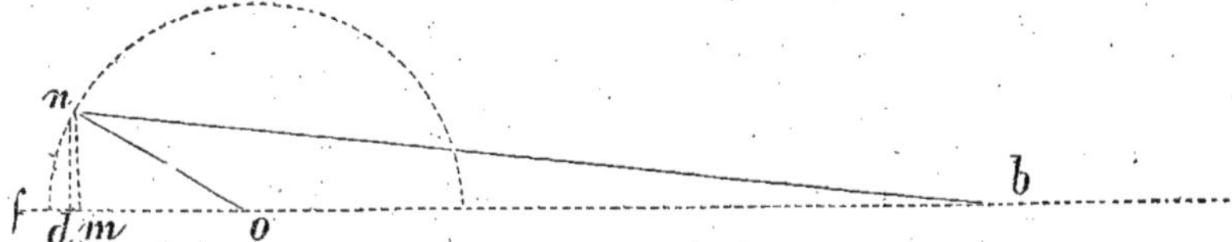

Marche rétrograde. La course à pleine tension sera, comme pour la marche directe, égale à 0,133333... Supposons qu'alors le bouton soit au point n, et que la bielle occupe la position bn, si on la rabat sur l'horizontale, le point n viendra au point d et l'on aura $fd = 0,133333...$ abaissant la perpendiculaire nm, les deux triangles rectangles bmn, omn, donnent $\overline{bm}^2 + \overline{nm}^2 = 4.5$ (1) et $\overline{mo}^2 + \overline{nm}^2 = 1$ (2) . $bm = bo + om$, mais $bo = bd - od = 4,5 - od$, et $od = 1 - 0,133333.. = 0,86667$, donc $bo = 3,6333...$ et $bm = om + 3,6333..$, substituant dans les équations (1), (2) et retranchant l'une de l'autre, membre à membre, on a

$$om = 0,83244909$$
$$nm = 0,554100$$
$$bm = 4,46576.$$

on a d'ailleurs $\cos. o : R :: om : 1$, d'où $\log. \cos. o = \log. om + 10$, effectuant les calculs, on trouve

$$\text{Log. cos. } o = 9,9203576,$$
$$o = 33°.38',9322,$$

$$\text{Cos. } b = \frac{bm}{bn} \times R = \frac{4,46576}{4,5} \times 10^{10} : \log. \cos. b =$$

$\log. 0,992391 + 10$, effectuant les calculs on trouve

$$\text{Log. cos. } b = 9,9966829,$$
$$b = 7°.4',3503.$$

Pour la marche rétrograde, et dans cette position de la bielle, on a

$$F'' = F'. \frac{\cos (90° + b - o)}{\cos. b}, \text{ d'où } F'' = F \frac{\sin. 26°.04',5010}{\cos. b},$$
$$\text{et } F'' = 0.450820. F,$$

Telle sera la force agissant sur le bouton de la manivelle, lorsque le piston, soumis à la pleine tension de la vapeur, arrivera à $\frac{1}{15}$ de sa course.

L'arc décrit par le bouton de la manivelle, pendant le travail de la pleine tension, étant de 33°.38′,9322, et le rayon de la manivelle étant 1, le développement de cet arc sera donné par

180°:3,14159265::33°.38′,9322:x, d'où $x = 0,58728362$.

L'angle o montre que F''', pour ce point, sera entre les ordonnées 29 et 30.

C'est en suivant cette marche que nous avons obtenu les valeurs générales de F''' sur le bouton de la manivelle, sans tenir compte de la résistance à l'échappement, soit à l'air libre, soit dans le condenseur, pour l'admission de la vapeur pendant $\frac{1}{2}$, $\frac{1}{3}$, $\frac{1}{4}$, $\frac{1}{5}$, $\frac{1}{6}$, $\frac{1}{7}$, $\frac{1}{8}$, $\frac{1}{9}$, $\frac{1}{10}$, $\frac{1}{12}$, $\frac{1}{14}$, $\frac{1}{15}$, $\frac{1}{16}$, $\frac{1}{18}$, $\frac{1}{20}$ de la course totale du piston; ces valeurs de F'' sont données dans les tableaux 2, 3, 4.

Au bas de chaque colonne, on voit la valeur de F'' à la fin de la pleine tension pour le mouvement direct et pour le mouvement rétrograde, puis la distance D de cette ordonnée à compter de l'origine du mouvement.

Les chiffres qui précèdent ces deux valeurs de F'' indiquent les ordonnées de la pleine tension et de la détente entre lesquelles elles se trouvent.

A droite se trouvent les plus grandes pressions sur deux et sur trois manivelles.

Nous donnons ces calculs généraux parce qu'ils pourront être utiles dans certains cas particuliers, mais nous ne les avons complétés que pour $\frac{1}{2}$, $\frac{1}{3}$, $\frac{1}{4}$, $\frac{1}{5}$, $\frac{1}{6}$, $\frac{1}{8}$, $\frac{1}{10}$, $\frac{1}{15}$ et $\frac{1}{20}$ pour la condensation, et comme nous avons donné à F les valeurs de 8, 7, 6 et 5 atm., nous n'avons calculé les valeurs de F'' dans le cas de l'échappement à l'air libre, que pour la détente 8 pour 8 atm., pour la détente 6 pour 8, 7 et 6 atm., et enfin pour les détentes 5, 4, 3 et 2, pour les quatre tensions 8, 7, 6 et 5 atm. La formule démontre en effet, que, à cause de la résistance de l'air, le chiffre de la détente ne doit pas être plus élevé que celui de la tension. Ainsi l'unité de volume de vapeur, à la tension de 5 atm., agissant à la détente 5 produit un travail égal à 31,184987, tandis qu'à la détente 6 il ne produit que 30,406549, la résistance atmosphérique étant déduite dans les deux cas.

Les tableaux 5, 6, 7, montrent, comme exemple, pour le cas du travail à la tension de 8 atm., à la détente 15, et à condensation, la marche suivie pour calculer les excès de travail.

Dans le tableau 5, la seconde colonne a été obtenue en faisant $F = 8$ atm. $= 8^k,264$ dans les valeurs de F'' de la troisième colonne du tableau 4, et en retranchant, de chaque produit, la quantité correspondante dans la colonne 7 du tableau 1.

Étant tracée une ligne égale au développement de la circonférence dont le rayon est 1, et cette ligne étant divisée en 48 parties égales entre elles, et égales chacune à 0,13089969, on a élevé, aux points de division, des perpendiculaires sur lesquelles on a porté les valeurs des 48 ordonnées, et par les extrémités de ces ordonnées on a tracé la courbe limitant la surface du travail. Une ligne droite ayant été tirée à une distance, de la première, égale à 1,2347732982, valeur de la pression moyenne, on a eu ainsi, en dessus et en dessous de cette seconde ligne droite, les surfaces des excès positifs et négatifs, dont les ordonnées, égales à la différence entre la pression moyenne et les valeurs de la seconde colonne, sont portées dans la troisième colonne.

Dans le tableau 6, les valeurs de la quatrième colonne sont celles de la seconde que l'on a déplacées de 12 rangs, parce que les manivelles sont calées en équerre ; la cinquième colonne est formée par les sommes des valeurs de F'' données dans la seconde et dans la quatrième, et la sixième colonne donne les différences entre les valeurs de la cinquième et la pression moyenne, qui est égale au double de la pression moyenne pour une manivelle.

Dans le tableau 7, les manivelles étant calées à 120° d'écartement, les ordonnées de la quatrième et de la sixième colonne sont déplacées de 16 et de 32 rangs par rapport à celles de la seconde : la huitième colonne est formée par les sommes des ordonnées de ces trois colonnes, et les différences entre ces sommes et la pression moyenne qui est le triple de la pression sur une manivelle, donne les ordonnées ainsi que la valeur des excès qui sont inscrites à droite de cette colonne.

Il suffit d'examiner les chiffres de la huitième colonne pour voir qu'il y a six excès positifs et six excès négatifs, égaux trois à trois : il a donc suffi de calculer deux excès positifs et deux excès négatifs.

(Pour les détentes 2 et 5, tous les excès, pour trois manivelles, sont égaux entre eux).

Le travail a été calculé au moyen de son expression

$$2\,PV\left(1 + \log.\ \text{hyp.}\ \frac{V_1}{V} - \frac{P'}{P_1}\right)$$ dans laquelle on a substi-

tué les valeurs suivantes : $P = 8^k,264$; $V = \dfrac{1}{15}$ de $2 =$

$0,133333...$; $V_1 = 2$; $\dfrac{V_1}{V} = 15$; $P' = 0,1033$; $P_1 = \dfrac{8,264}{15}$

$= 0,5509$; $\dfrac{P'}{P_1} = \dfrac{0,1033}{0,5509} = 0,1875113$; log. hyp. $15 =$

$2,7080502$, ce qui donne pour le travail

$T = 7,7583094449$, et la pression moyenne est

$$\frac{7,7583094449}{3,1415926535 \times 2} = 1,2347732982 \,;$$ le plus grand ex-

cès étant $1,554623$, on a $B = \dfrac{1,554623}{7,758309} = 0,200382$, et

la formule $PV^2 = 44139,6 \times B \times \dfrac{n.N}{m}$ donne

$$PV^2 = 8844,78 \times \frac{n.N}{m}.$$

Nous avons supposé que la longueur de la manivelle était égale à l'unité soit à 1^m; le travail total T indiqué dans les tableaux numéros 8 à 38 est le nombre de kilog., par centimètre carré de surface, mûs dans le temps employé par le piston pour parcourir le chemin 4 dans sa marche directe et dans sa marche rétrograde.

Le calcul pour une machine dont la manivelle aurait une longueur quelconque l ne présente pas de difficultés.

En effet, l'expression générale du travail pour un mouvement complet est $T = 2\,PV\left(1 + \log.\text{ hyp. } \dfrac{V_1}{V} - \dfrac{P'}{P_1}\right)$: la base des volumes de vapeur étant le centimètre carré considéré comme unité, on peut remplacer les volumes par les espaces parcourus, et si l'on représente par n le degré de détente, on aura pour le cas où la longueur de la manivelle est 1, et où la course est, par conséquent, égale à 2, $V = \dfrac{2}{n}$, et $V_1 = 2$, d'où $\dfrac{V_1}{V} = n$; si la longueur de la manivelle est l, on aura $V = \dfrac{2l}{n}$, et $V_1 = 2l$, d'où $\dfrac{V_1}{V} = n$; la résistance P', de l'atmosphère ou dans le condenseur, étant la même, ainsi que la tension finale P_1 pour les deux machines, il en résulte que, pour le même degré de détente et pour la même pression initiale, la quantité $1 + \log.$ hyp. $\dfrac{V_1}{V} - \dfrac{P'}{P_1}$ est la même : représentons-la par c, on aura pour le travail, la manivelle étant 1, $T = 2P \times \dfrac{2}{n} \times c$, et pour le travail T', la manivelle étant l, $T' = 2P \times \dfrac{2l}{n} \times c$, donc $\dfrac{T'}{T} = l$ et $T' = l.\,T$.

C'est-à-dire que pour connaître le travail, en un mouvement complet, de la machine dont la manivelle a une longueur l mesurée en mètre, il faut multiplier le travail donné dans le tableau par cette longueur l.

L'effort moyen qu'un piston doit produire étant donné, on calculera la surface de ce piston en divisant l'effort donné par la pression moyenne P donnée dans le tableau : le quotient sera le nombre de centimètres carrés que devra avoir ce piston ; mais il faudra augmenter cette surface, comme on le fait toujours, de la quantité nécessaire pour vaincre les résistances passives, et pour faire facilement le travail voulu : cette augmentation varie de 50 à 25 p. %.

S'il s'agit d'une machine à deux ou à trois cylindres, le quotient donne la somme des superficies des deux ou des trois pistons.

La somme des excès positifs devrait être égale à la somme des excès négatifs, et l'on remarquera qu'il n'en est pas ainsi : il est aisé d'en comprendre la cause ; nous avons fait les calculs fondamentaux, c'est-à-dire ceux des angles et des valeurs générales de F'' avec 16 et même avec 20 décimales afin qu'ils fussent très-exacts, mais pour rendre les tables pratiques nous nous sommes arrêtés à la sixième décimale, en ne tenant pas compte de la septième, ou en la comptant pour une unité du rang plus élevé, si elle était inférieure ou supérieure à 0,0000005 : la conséquence a été qu'en faisant les calculs avec les pressions, données jusqu'à la troisième décimale seulement, les sixièmes décimales des produits ont présenté des différences de 2, 3, 4 unités de cet ordre, en plus ou en moins. C'est pour cela que les ordonnées de détente pour les tensions de 8 atm. détente 8, de 6 atm. détente 6, de 5 atm. détente 5, qui devraient être égales ne le sont pas.

L'emploi de la formule de Simpson est aussi une cause d'erreurs, parce qu'elle néglige les surfaces convexes des trapèzes, et compte comme utiles les surfaces concaves.

Pour les grandes surfaces les erreurs sont petites, ainsi pour la surface de pleine pression continuelle nous avons trouvé 3,9999758 au lieu de 4, mais, pour les petites surfaces, les erreurs sont parfois relativement plus grandes.

Enfin, une autre cause d'erreurs sont les tracés, parce que malgré la perfection du travail linéaire et les soins très-intelligents apportés par M. Henri Dubois, qui s'en est chargé avec le plus grand zèle, et à qui nous renouvelons ici nos remercîments pour sa coopération, il est impossible que des lignes n'aient pas une certaine épaisseur et que l'on puisse déterminer, rigoureusement, avec le compas, certaines distances d'intersections.

Si le planimètre tient compte des petites surfaces, convexes ou concaves, que la formule de Simpson néglige, il ne peut apprécier la valeur des ordonnées comme le calcul peut le faire : il nous paraît donc que l'emploi de cet instrument ne donnerait pas des résultats plus exacts que ceux que nous avons obtenus.

En définitive, nous avons donné les chiffres que nous avons obtenus sans vouloir faire disparaître les anomalies qu'ils présentent, et qui n'ont qu'une très-petite importance pratique, parce qu'elles attireront l'attention des personnes qui voudront compléter ce travail, et parce que les constructeurs pourront employer, sans inconvénient, les coefficients trouvés.

Il est arrivé assez souvent que des étriers de bielles se
sont brisés, que les têtes de clefs à mentonnet ont été arra-
chées, et que l'on a attribué à la mauvaise qualité du métal
des bris qui provenaient des dimensions insuffisantes de
ces pièces.

Il est donc utile de donner un moyen facile de calculer
les dimensions qu'elles doivent avoir :

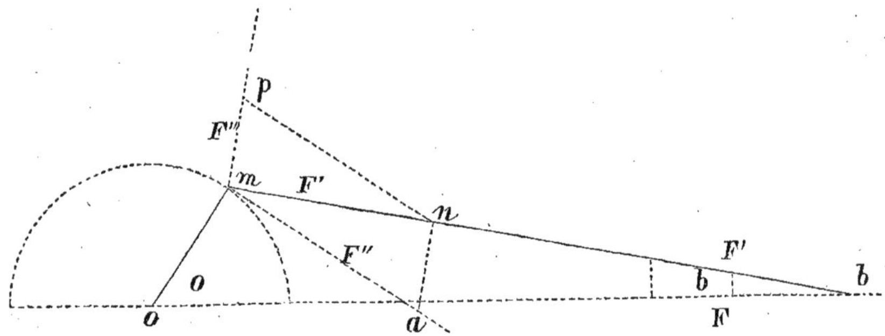

Soient om la manivelle et bm la bielle, o et b les angles de
ces pièces avec l'hòrizontale. La composante F' de la force
qui agit sur le piston étant transportée en mn, se décomposera en deux forces passant par l'axe du bouton de la manivelle, l'une F''' perpendiculaire à la manivelle et lui im-
primant le mouvement de rotation, et l'autre F''' agissant
perpendiculairement à la direction de la bielle, de haut en
bas, pour la position que la figure représente, et tendant,
de bas en haut, à ouvrir l'étrier du coussinet.

mn représentant la force F', les côtés $pn=ma$, et $pm=na$

du parallélogramme, représenteront les forces F'' et F''', et l'on aura $F''' : \cos. mpn :: F'' : R$, d'où $F''' = \frac{\cos.\ mpn}{R} \times F''$: on a $mpn = 90^\circ - mnp = 90^\circ - nma$: si à l'angle nma on ajoute $amo = 90^\circ$, on a l'angle bmo, c'est-à-dire que $nma + 90^\circ = bmo$: mais $bmo = 180^\circ - (o + b)$, donc $nma + 90 = 180^\circ - (o + b)$, d'où $nma = 90^\circ - (o + b)$, par conséquent $mpn = 90^\circ - nma = 90^\circ - (90^\circ - (o + b))$ et $F''' = \frac{\cos.\ (o + b)}{R} \times F''$.

La force F'' qui agit perpendiculairement à la direction de la manivelle pour produire le mouvement de rotation, étant calculée de 7°,30′ en 7°.30′, et donnée dans la colonne 5 du tableau 1, pour la pleine pression continue, il suffit de calculer $\frac{\cos.\ (o + b)}{R}$ pour ces mêmes angles, on aura ainsi le tableau *A*.

A 180°, $F''' = o$; à 187°,30′, la valeur de F''' est la même qu'à 172°,30′; à 195°, cette valeur est la même qu'à 165° et ainsi de suite. Il est donc inutile de continuer ce tableau pour la marche rétrograde.

Lorsque la bielle et la manivelle forment un angle droit, on a $o = 77^\circ.28',2879$ et $b = 12^\circ.31',7121$: $o + b = 90^\circ$ et par conséquent $\cos.\ (o + b) = 0$: C'est en ce point que la force qui tend à faire fléchir les branches de l'étrier cesse d'agir, et de positive devient négative, c'est-à-dire qu'elle change de direction, et que l'effort qui agit d'abord dans la direction de *m* vers *p* sur la branche supérieure de l'étrier, agit ensuite dans la direction de *p* vers *m* sur la branche inférieure, en sens contraire de l'action de la bielle elle-même sur le bouton. A ce point la course du piston est 0,89023, la course totale étant 2. L'arc parcouru par le bouton de la manivelle et développé est égal à 1,353102.

Le plus grand effort donné dans le tableau est égal à 0,50577789 multiplié par la pression sur le piston à vapeur.

Pression exercée par la crosse du piston sur ses guides.

Soient abd la direction de la tige du piston, bc celle de la bielle, b la crosse, bd la grandeur représentant la puissance F de la force appliquée au piston ; cette force F se

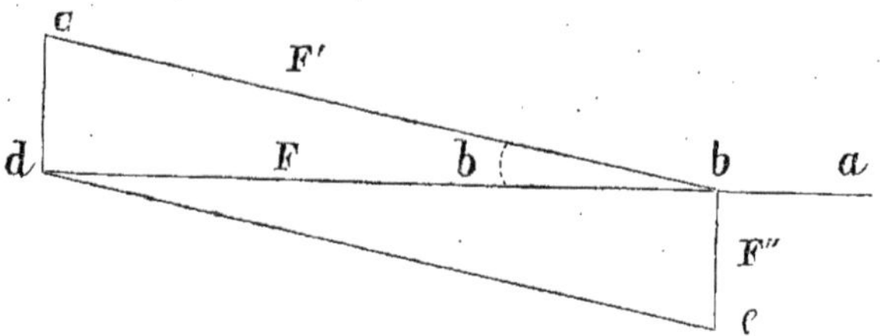

décomposera en deux autres, $F' = bc$ dirigée suivant la bielle, et $F'' = be$, dirigée perpendiculairement aux guides de la crosse : c'est de cette force F'' qu'il faut déterminer la valeur : on a $F'' : F :: \text{tang. } b : R$, d'où $F'' = \dfrac{\text{tang. } b}{R} \times F$.

Le tableau B donne les valeurs de F'' pour les angles de $7°.30'$ en $7°.30'$ de la manivelle, mais, pour la facilité de la pratique, le tableau les donne aussi pour les divers degrés de détente qui correspondent à une division exacte de la course entière du piston, et par conséquent à des points faciles à déterminer sur les guides.

Pour l'angle de $97°.30'$, la valeur de F'' est la même que pour $82°.30'$, et ainsi de suite.

Il résulte de ce tableau que le plus grand effort sur les guides est égal à la pression sur le piston multipliée par $0,227922$, et que cet effort agit à $1,112518$ de distance de l'origine de la course de la crosse, cette course totale étant 2.

Il est presque superflu de dire qu'il faut donner aux gui-
dés les dimensions nécessaires non-seulement pour ré-
sister à la plus grande pression, mais pour que leur flexion
soit presque nulle, lorsque le frottement aura diminué leur
épaisseur de 5 à 10 millimètres.

N. B. Dans les tableaux n°s 8 à 38, nous avons dési-
gné par :

T — Le travail en kilog. sur un centimètre carré pour
la course totale 4.

P — La pression moyenne sur le piston.

P' — » » sur la manivelle.

$c.$ — La course du piston, pour la marche
directe et pour la marche rétrograde

c' — La course de la manivelle pour la
marche directe

c'' — La course de la manivelle pour la
marche rétrograde

} jusqu'à l'origine de la détente.

p — La projection de la bielle pour la
marche directe

p' — La projection de la bielle pour la
marche rétrograde

p'' — La projection de la manivelle pour
la marche directe.

p''' — La projection de la manivelle pour
la marche rétrograde.

o — L'angle de la manivelle pour la marche directe.

b — L'angle de la bielle pour la marche
directe

o' — L'angle de la manivelle pour la marche rétrograde

b' — L'angle de la bielle pour la marche
rétrograde

} au point où la détente commence.

Le tableau C donne ces valeurs, excepté T, P, P', pour les degrés de détente auxquels nous n'avons pas appliqué les valeurs de 8, 7, 6 et 5 atm. pour F.

On voit au commencement de ce travail, ce qu'expriment les lettres de la formule $PV^2 = 44139,6 \times B \times \dfrac{nN}{m}$.

Tableau A.

ANGLES o.	ANGLES b.	ANGLES o + b.	$\dfrac{\text{Cos. } o + b}{R}$	F'''
7°.50'	1°.39',7568	9.9',7568	0.98724045	0.15727135.F
15	3.17,8056	18.17,8056	0.94944523	0.29856097.F
22.30	4.52,6851	27.22,6851	0.88799120	0.40975111.F
50	6.22,7589	36.22,7589	0.80510796	0.48051097.F
57.30	7.46,4971	45.16,4971	0.70370421	0.50461503.F
45	9. 2,4578	54. 2,4578	0.58721148	0.48128792.F
52.30	10. 9,2655	62.59,2655	0.45935624	0.41451618.F
60	11. 5,7449	71. 5,7449	0.52398762	0.31235063.F
67.50	11.50,8415	79.20,8415	0.18485452	0.18562551.F
75	12.23,7003	87.23,7003	0.04625952	0.04729424.F
77.28,2879	12.31,7121	90	0	0
82.30	12.43,6783	95.13,6783	— 0.09111866	— 0.09502577.F
90	12.50,3785	102.50,3785	— 0.22222302	— 0.22222302.F
97.30	12.43,6783	110.13,6783	— 0.54585591	— 0.53268135.F
103	12.23,7003	117.23,7003	— 0.46012235	— 0.41827146.F
112.50	11.50,8415	124.20,8415	— 0.56420870	— 0.47596815.F
120	11. 5,7449	151. 5,7449	— 0.65731936	— 0.50480023.F
127.30	10. 9,2655	137.39,2655	— 0.73909558	— 0.50377789.F
135	9. 2,4578	144. 2,4578	— 0.80943352	— 0.48128755.F
142.30	7.46,4971	150.16,4971	— 0.86841480	— 0.43458865.F
150	6.22,7589	156.22,7589	— 0.91621814	— 0.56939172.F
157.30	4.52,6851	162.22,6851	— 0.95307500	— 0.28957754.F
165	3.17,8056	168 17,8056	— 0.97931126	— 0.10500010.F
172.50	1.39,7568	174. 9,7568	— 0.99481445	— 0.10122058.F

Tableau B.

ANGLES o.	COURSES DU PISTON DEPUIS L'ORIGINE. La course totale $=2$	ANGLES b.	$F'' = \dfrac{\text{TANG. } b}{R} \times F.$
7°.50′	0.010449	1°.59′,7568	0.029026.F
15	0.041523	3.17,8056	0.057603.F
22.30	0.092422	4.52,6851	0.085345.F
30	0.161859	6.22,7589	0.111802.F
37.50	0.248014	7.46,4971	0.136558.F
45	0.348796	9. 2,4378	0.159111.F
52.30	0.461725	10. 9,2655	0.179107.F
60	0.584120	11. 5,7449	0.196115.F
67.30	0.713177	11.50,8415	0.209774.F
75	0.846072	12.23,7003	0.219590.F
82.30	0.980031	12.45,6783	0.225873.F
90	1.112518	12.50,3785	0.227922.F
Détentes			
20	0.1	5. 4,1041	0.088692.F
16	0.125	5.38,5440	0.098798.F
10	0.2	7. 2,6154	0.123557.F
8	0.25	7.48,1965	0.137041.F
5	0.4	9.34,7417	0.168760 F
4	0.5	10.28,5256	0.184895.F
2	1.	12.45,5350	0.226440.F

Tableau C.

	DEGRÉS DE DÉTENTE.					
	$\frac{1}{18}$	$\frac{1}{16}$	$\frac{1}{14}$	$\frac{1}{12}$	$\frac{1}{9}$	$\frac{1}{7}$
c	0.111111	0.125	0.142857	0.166667	0.222222	0.285714
c'	0.451446	0.458509	0.490908	0.531443	0.617752	0.704636
c''	0.555862	0.568569	0.608112	0.657265	0.758015	0.865743
P	4.480527	4.478198	4.475258	4.471251	4.462584	4.435033
P'	4.470940	4.467672	4.465585	4.458333	4.448424	4.435310
P''	0.903362	0.896802	0.881903	0.862082	0.815194	0.761253
P'''	0.859829	0.842672	0.820728	0.791666	0.726202	0.649396
O	24°.43′,2027	26°.15′,5490	28°.7′,6185	30° 26′,9313	35°.23′,6069	40.25,5130
b	5.19,9372	5.58,5440	6.0,8060	6.28,8112	7.25′,6341	8.17,1087
O'	30.42,1573	32.54,5978	34.50,5563	37.59,5118	43.25,8646	49.29,5313
b'	6.30,9028	6.52,3158	7.17,6535	7.48,1965	8.41,0000	9.43,6175

Tableau 1.

Nos DES ORDONNÉES.	ANGLES o de la MANIVELLE.	ANGLES b de la BIELLE.	COURSES du PISTON.	EFFORT sur le bouton de la MANIVELLE, la pleine TENSION F étant continue.	RÉSISTANCES SUR LE BOUTON dues à la pression ATMOSPHÉRIQUE.	RÉSISTANCES SUR LE BOUTON dues à la pression dans le CONDENSEUR	OBSERVATIONS.
1.	2.	3.	4.	5.	6.	7.	
1	0°			0	0	0	
2	7".30'	1°.39'.45''41	0.010449	0.159304.F	0.181017	0.016456	
3	15	5.17.48,34	0.041523	0.314459.F	0.357320	0.032484	
4	22.30	4.52.41,11	0.092422	0.461436.F	0.524330	0.047666	
5	30	6.22.45,53	0.161839	0.596828.F	0.678176	0.061652	
6	37.30	7.46.29,83	0.248014	0.717084.F	0.814823	0.074075	
7	45	9. 2.26,27	0.348796	0.819616.F	0.931330	0.084666	
8	52.30	10. 9.15,93	0.461725	0.902385.F	1.025380	0.093216	
9	60	11. 5.44,69	0.584120	0.964082.F	1.095486	0.099590	
10	67.30	11.50.50,59	0.713177	1.004160.F	1.141027	0.103730	
11	75	12.23.42,02	0.846072	1.022810.F	1.162219	0.105656	
12	82.30	12.43.40,70	0.980051	1.020950.F	1.160083	0.105462	
13	90	12.50.22,71	1.112518	F	1.136300	0.103300	
14	97.30	12.43.40,70	1.241103	0.961963.F	1.093079	0.099371	
15	105	12.23.42,02	1.363710	0.909044.F	1.032947	0.093904	
16	112.30	11.50.50,59	1.478543	0.843603.F	0.958386	0.087144	
17	120	11. 5.44,69	1.584120	0.767968.F	0.872642	0.079331	
18	127.30	10. 9.15,93	1.679247	0.684320.F	0.777593	0.070690	
19	135	9. 2.26,27	1.763010	0.594598.F	0.675642	0.061422	
20	142.30	7.46.29,83	1.834720	0.500439.F	0.568649	0.051695	
21	150	6.22.45,53	1.893889	0.403176.F	0.458429	0.041648	
22	157.30	4.52.41,11	1.940180	0.303835.F	0.345248	0.031586	
23	165	5.17.48,34	1.973375	0.203179.F	0.250872	0.020988	
24	172.30	1.39.45,41	1.993359	0.101748.F	0.115616	0.010511	
25	180	0	2	0	0	0	

On a calculé les chiffres de la colonne 6 en supposant que la résistance à l'échappement soit égale à 1,1 atm. = 1k,1363 par centimètre carré.

On a calculé les chiffres de la colonne 7 en supposant que la pression dans le condenseur soit égale à 0,1 atm. = 0k,1033 par centimètre carré.

Application. Un piston à 7850 centimètres carrés de superficie : la tension est de 6½ atm. 6,5×1k,033=6k,7135:

Tableau 1. (*Suite.*)

Nos DES ORDONNÉES.	ANGLES o de la MANIVELLE.	ANGLES b de la BIELLE.	COURSES du PISTON.	EFFORT sur le bouton de la MANIVELLE, la pleine TENSION F étant continue.	RÉSISTANCES SUR LE BOUTON dues à la pression ATMOSPHÉRIQUE.	RÉSISTANCES SUR LE BOUTON dues à la pression dans le CONDENSEUR	OBSERVATIONS.
1.	2.	3.	4.	5.	6.	7.	
26	187.30	1.39.45,41	0.006661	0.101748 F	0.115616	0.010511	
27	195	3.17.48,34	0.026625	0.203179.F	0.230872	0.020988	
28	202.30	4.52.41,11	0.059820	0.303835.F	0.345248	0.031386	
29	210	6.22.45,53	0.106111	0.403176 F	0.458129	0.041648	
30	217.30	7.46.29,83	0.165280	0.500439 F	0.568649	0.051695	
31	225	9. 2.26,27	0.236990	0.594598.F	0.675642	0.061422	
32	232.30	10. 9.15,93	0.320753	0.684320.F	0.777593	0.070690	
33	240	11. 5.44,69	0.415880	0.767968.F	0.872642	0.079331	
34	247.30	10.50.50,59	0.521457	0.843603 F	0.958586	0.087144	
35	255	11.23.42 02	0.636290	0.909044 F	1.032947	0.093904	
36	262.50	12.43.40,70	0.758897	0.961965 F	1.093079	0.099371	
37	270	12.50.22,71	0.887482	F	1.136300	0.103300	
38	277.30	12.43.40,70	1.019949	1.020930 F	1.160083	0.103462	
39	285	12.23.42,02	1.153928	1.022810.F	1.162219	0.103656	
40	292.30	11.50.50,59	1.286823	1.004160.F	1.141027	0.103730	
41	300	11. 5.44,69	1.415880	0.964082 F	1.095486	0.099590	
42	307.30	10. 9.15,93	1.538275	0.902385 F	1.025580	0.093216	
43	315	9. 2.26,27	1.651204	0.819616.F	0.931330	0.084666	
44	322.30	7.46 29,83	1.751986	0 717084 F	0.814823	0.074075	
45	330	6.22.45,53	1.858161	0.596828.F	0.678176	0.061652	
46	337.30	4.52.41,11	1.907578	0.461436.F	0.524330	0.047666	
47	345	3.17.48,34	1.958477	0.314459.F	0.357320	0.032484	
48	352.30	1.59.45,41	1.989551	0.159304 F	0.181017	0.016456	
49	360	0	2	0	0	0	

Observations : la machine est à condensation. L'effort sur le bouton, tendant à faire tourner la manivelle, sous l'angle de 75°, à 7850 × 6k,7135 × 1,022810 sera ég=1, lorsque celle-ci sera, par exemple, — 0,10356 × 7850 = 53073k,69. Mêmes calculs pour l'emploi des tableaux suivants donnant les efforts pour les différents degrés de détente.

Tableau 2.

Valeurs générales de F″ pour les admissions de vapeur indiquées en tête des colonnes.

	$\frac{1}{2}$	$\frac{1}{3}$	$\frac{1}{4}$	$\frac{1}{5}$	$\frac{1}{6}$
1	0	0	0	0	0
2	0.159304.F	0.159304.F	0.159304.F	0.159304.F	0.159304.F
3	0.314459.F	0.314459.F	0.314459.F	0.314459.F	0.314459.F
4	0.461436.F	0.461436.F	0.461436.F	0.461436.F	0.461436.F
5	0.596828.F	0.596828.F	0.596828.F	0.596828.F	0.596828.F
6	0.717084.F	0.717084.F	0.717084.F	0.717084.F	0.717084.F
7	0.819616.F	0.819616.F	0.819616.F	0.819616.F	0.783278.F
8	0.902385.F	0.902385.F	0.902385.F	0.781749.F	0.651458.F
9	0.964082.F	0.964082.F	0.825240.F	0.660192.F	0.550160.F
10	1.004160.F	0.938670.F	0.704003.F	0.563202.F	0.469335.F
11	1.022810.F	0.805930.F	0.604448.F	0.483558.F	0.402965.F
12	1.020930.F	0.694470.F	0.520853.F	0.416682.F	0.347235.F
13	0.898860.F	0.599240.F	0.449430.F	0.359544.F	0.299620.F
14	0.775088.F	0.516725.F	0.387544.F	0.310035.F	0.258362.F
15	0.666393.F	0.444395.F	0.333296.F	0.266637.F	0.222198 F
16	0.570555.F	0.380370.F	0.285278.F	0.228222.F	0.190185.F
17	0.484785.F	0.323190.F	0.242393.F	0.193914.F	0.161595.F
18	0.407513.F	0.271675.F	0.203756.F	0.163005.F	0.135838.F
19	0.337260.F	0.224840.F	0.168630.F	0.134904.F	0.112420.F
20	0.272760.F	0.181840.F	0.136380.F	0.109104.F	0.090920.F
21	0.212880.F	0.141920.F	0.106440.F	0.085152.F	0.070960.F
22	0.156600.F	0.104400.F	0.078300.F	0.062640.F	0.052200.F
23	0.102960.F	0.068640.F	0.051480 F	0.041184.F	0.034320.F
24	0.051045.F	0.034030.F	0.025523.F	0.020418.F	0.017015.F
25	0	0	0	0	0
26	0.101748.F	0.101748.F	0.101748.F	0.101748.F	0.101748.F
27	0.203179.F	0.203179.F	0.203179.F	0.203179.F	0.203179.F

Tableau 2. *(Suite.)*

Valeurs générales de F″ pour les admissions de vapeur indiquées en tête des colonnes.

	$\frac{1}{2}$	$\frac{1}{3}$	$\frac{1}{4}$	$\frac{1}{5}$	$\frac{1}{6}$
28	0.303835.F	0.303835.F	0.303835.F	0.303835.F	0.303835 F
29	0.403176.F	0.403176.F	0.403176.F	0.403176.F	0.403176.F
30	0.500439.F	0.500439.F	0.500439.F	0.500439.F	0.500439.F
31	0.594598.F	0.594598.F	0.594598.F	0.594598.F	0.594598.F
32	0.684320.F	0.684320.F	0.684320.F	0.684320.F	0.684320.F
33	0.767968.F	0.767968.F	0.767968.F	0.758642.F	0.615555.F
34	0.843603.F	0.843603.F	0.808886.F	0.647109.F	0.539258.F
35	0.909044.F	0.909044.F	0.714330.F	0.571464.F	0.476220.F
36	0.961963.F	0.844355 F	0.633266.F	0.506613.F	0.422178.F
37	F	0.751185.F	0.563389.F	0.450711.F	0.375592.F
38	1.000358.F	0.667305.F	0.500479.F	0.400383.F	0.333652.F
39	0.886373.F	0.590915.F	0.443186.F	0.354549.F	0.295458.F
40	0.780338.F	0.520225.F	0.390169.F	0.312135.F	0.260112.F
41	0.680903.F	0.453935.F	0.340451.F	0.272361.F	0.226967.F
42	0.586620.F	0.391080.F	0.293310.F	0.234648.F	0.195540.F
43	0.496573.F	0.330915.F	0.248186.F	0.198549.F	0.165458.F
44	0.409298.F	0.272865.F	0.204649.F	0.163719.F	0.136432.F
45	0.324690.F	0.216460.F	0.162545.F	0.129876.F	0.108230.F
46	0.241898.F	0.161265.F	0.120949.F	0.096759.F	0.080632.F
47	0.160560.F	0.107040.F	0.080280.F	0.064224.F	0.053520 F
48	0.080070.F	0.053380.F	0.040035.F	0.032028.F	0.026690.F
49	0	0	0	0	0
12—13	1.018978.F	9-10.0.992377.F	8-9.0.924468.F	7-8.0.860691.F	6-7.0.805904.F
D	1.459455	D 1.191017	D 0.880102	D 0.810718	D 0.766345
37—38	1.019019.F	35-36.0.923721.F	33-34.0.829554.F	32-33.0.755124.F	32-33.0.696356.F
D	1.682137	D 1.342135	D 1.152450	D 1.026345	D 0.934522

— 40 —

Tableau 3.

Valeurs générales de F″ pour les admissions de vapeur indiquées en tête des colonnes.

	$\dfrac{1}{7}$	$\dfrac{1}{8}$	$\dfrac{1}{9}$	$\dfrac{1}{10}$	$\dfrac{1}{12}$
1	0	0	0	0	0
2	0.159504 F	0.159304.F	0.159504.F	0.159504.F	0.159504.F
3	0.314459.F	0.314459.F	0.314459.F	0.314439.F	0.314459.F
4	0.461436.F	0.461436.F	0.461436.F	0.461436.F	0.461436.F
5	0.596828.F	0.596828.F	0.596828.F	0.596828.F	0.596828.F
6	0.717084.F	0.717084.F	0.642510.F	0.578259.F	0.481882.F
7	0.671382.F	0.587458.F	0.522185.F	0.469967.F	0.391639.F
8	0.558392.F	0.488593.F	0.434305.F	0.390875.F	0.325729.F
9	0.471568.F	0.412620.F	0.366775.F	0.350096.F	0.275080.F
10	0.402288.F	0.552001.F	0.312890.F	0.281601.F	0.234667.F
11	0.345398.F	0.302224.F	0.268643.F	0.241779.F	0.201482.F
12	0.297630.F	0.260426.F	0.251490.F	0.208341.F	0.173617.F
13	0.256818.F	0.224715.F	0.199747.F	0.179772.F	0.149810.F
14	0.221454.F	0.193772.F	0.172242.F	0.155018.F	0.129181.F
15	0.190456.F	0.166648.F	0.148132.F	0.133319.F	0.111099.F
16	0.163016.F	0.142639.F	0.126790.F	0.114111.F	0.095092.F
17	0.138510.F	0.121196.F	0.107750.F	0.096957.F	0.080797.F
18	0.116452.F	0.101878.F	0.090558.F	0.081503.F	0.067919.F
19	0.096360.F	0.084515.F	0.074947.F	0.067452.F	0.056210.F
20	0.077932 F	0.068190.F	0.060613.F	0.054552.F	0.045460.F
21	0.060822.F	0.053220.F	0.047507.F	0.042576.F	0.035480.F
22	0.044742.F	0.039150.F	0.034800.F	0.031320.F	0.026100.F
23	0.029418.F	0.025740.F	0.022880.F	0.020592.F	0.017160.F
24	0.014584.F	0.012761.F	0.011343.F	0.010209.F	0.008507.F
25	0	0	0	0	0
26	0.101748.F	0.101748.F	0.101748.F	0.101748.F	0.101748·F
27	0.203179.F	0.203179.F	0.203179.F	0.203179.F	0.203179.F

Tableau 3. (*Suite.*)

Valeurs générales de F″ pour les admissions de vapeur indiquées en tête des colonnes.

	$\frac{1}{7}$	$\frac{1}{8}$	$\frac{1}{9}$	$\frac{1}{10}$	$\frac{1}{12}$
28	0.303835.F	0.303835.F	0.503835.F	0.503835.F	0.503835.F
29	0.403176.F	0.403176.F	0.403176.F	0.403176.F	0.403176.F
30	0.500439.F	0.500439.F	0.500439.F	0.500439.F	0.500439.F
31	0.594598.F	0.594598.F	0.557545.F	0.501790.F	0.418159.F
32	0.609564.F	0.533368.F	0.474105.F	0.426695.F	0.355579.F
33	0.527602.F	0.461651.F	0.410350.F	0.369321.F	0.307768.F
34	0.462220.F	0.404445.F	0.359505.F	0.323555.F	0.269629.F
35	0.408188.F	0.357165.F	0.317480.F	0.285732.F	0.238110.F
36	0.361866.F	0.316633.F	0.281452.F	0.253307.F	0.211089.F
37	0.321936.F	0.281694.F	0.250395.F	0.225356.F	0.187796.F
38	0.285988.F	0.250239.F	0.222435.F	0.200192.F	0.166826.F
39	0.253248.F	0.221593.F	0.196972.F	0.177275.F	0.147729.F
40	0.222954.F	0.195084.F	0.173408.F	0.156068.F	0.130056.F
41	0.194544.F	0.170225.F	0.151312.F	0.136181.F	0.113484.F
42	0,167606.F	0.146655.F	0.130560.F	0.117324.F	0.097770.F
43	0.141820.F	0.124093.F	0.110305.F	0.099275.F	0.082729.F
44	0.116942.F	0.102524.F	0.090955.F	0.081860.F	0.068216.F
45	0.092768.F	0.081175.F	0.072155.F	0.064938.F	0.054115.F
46	0.069114.F	0.060474.F	0.053755.F	0.048380.F	0.040316.F
47	0.045874.F	0.040140.F	0.035680.F	0.032112.F	0.026760.F
48	0.022876.F	0.020018.F	0.017793.F	0.016014.F	0.013345.F
49	0	0	0	0	0
	6-7 0.759308.F	6-7 0.719444.F	5-6 0.684975.F	5-6 0.654864.F	5-6 0.604689.F
	D 0.704636	D 0.657264	D 0.617732	D 0.584547	D 0.551433
	31-32 0.648928.F	31-32 0.609752.F	30-31 0.576575.F	30-31 0.548516.F	30-31 0.502463.F
	D 0.863743	D 0.807002	D 0.758015	D 0.720689	D 0.657265

4*

Tableau 4.

Valeurs générales de F″ pour les admissions de vapeur indiquées en tête des colonnes.

	$\frac{1}{14}$	$\frac{1}{15}$	$\frac{1}{16}$	$\frac{1}{18}$	$\frac{1}{20}$
1	0	0	0	0	0
2	0.159304.F	0 159504.F	0.159304.F	0.159504.F	0.159304.F
3	0.314459.F	0.314459.F	0.314459.F	0.314459.F	0.314459.F
4	0.461436.F	0.461436.F	0.461436.F	0.461436.F	0.461436.F
5	0.526826.F	0.491704.F	0.460973.F	0.409753.F	0.368778.F
6	0.413043.F	0.385506.F	0.361412.F	0.321255.F	0.289129.F
7	0.335691.F	0.313311.F	0.293729.F	0.261092.F	0.234983.F
8	0.279196.F	0.260583.F	0.244296.F	0.217152.F	0.195437.F
9	0.235784.F	0.220064.F	0.206310.F	0.183386.F	0.165048.F
10	0.201144.F	0.187754.F	0.176001.F	0.156445.F	0.140801.F
11	0.172699.F	0.161186.F	0.151112.F	0.134322.F	0.120890.F
12	0.148813.F	0.138894.F	0.130213.F	0.115745.F	0.104171.F
13	0.128409.F	0.119848.F	0.112337.F	0.099875.F	0.089886.F
14	0.110727.F	0.103345.F	0.096886.F	0.086121.F	0.077509.F
15	0.095228.F	0.088879.F	0.083324.F	0.074066.F	0.066659.F
16	0.081508.F	0.076074.F	0.071319.F	0.063395.F	0.057036.F
17	0.069255.F	0.064638.F	0.060598.F	0.053865.F	0.048479.F
18	0.058216.F	0.054335.F	0.050939.F	0.045279.F	0.040751.F
19	0.048180.F	0.044968.F	0.042158.F	0.037473.F	0.033726.F
20	0.038966.F	0.036368.F	0.034095.F	0.030307.F	0.027276.F
21	0.030411.F	0.028384.F	0.026610.F	0.023655.F	0.021288.F
22	0.022371.F	0.020880.F	0.019575.F	0 017400.F	0.015660.F
23	0.014709.F	0.013728.F	0.012870.F	0.011440.F	0.010296.F
24	0.007292.F	0.006806.F	0.006381.F	0.005672.F	0.005105.F
25	0	0	0	0	0
26	0.101748.F	0.101748.F	0.101748.F	0.101748.F	0.101748.F
27	0.203179.F	0.203179.F	0.203179.F	0.203179.F	0.203179.F

Tableau 4. (*Suite.*)

Valeurs générales de F″ pour les admissions de vapeur indiquées en tête des colonnes.

	$\frac{1}{14}$	$\frac{1}{15}$	$\frac{1}{16}$	$\frac{1}{18}$	$\frac{1}{20}$
28	0.305835.F	0.303835.F	0.505835.F	0.303835.F	0.303835.F
29	0.403176.F	0.403176.F	0.403176.F	0.403176.F	0.379956.F
30	0.452545.F	0.405709.F	0.378477.F	0.356424.F	0.302782.F
31	0.358422.F	0.334527.F	0.313619.F	0.278772.F	0.250895.F
32	0.304782.F	0.284463.F	0.266684.F	0.237053.F	0.213347.F
33	0.265801.F	0.246214.F	0.230826.F	0.205178.F	0.184661.F
34	0.231110.F	0.215703.F	0.202222.F	0.179753.F	0.161777.F
35	0.204094.F	0.190488.F	0.178585.F	0.158740.F	0.142866.F
36	0.180953.F	0.168871.F	0.158517.F	0.140726.F	0.126653.F
37	0.160968.F	0.150257.F	0.140847.F	0.125197.F	0.112678.F
38	0.142994.F	0.133461.F	0.125120.F	0.111217.F	0.100096.F
39	0.126624.F	0.118183.F	0.110797.F	0.098486.F	0.088637.F
40	0.111477.F	0.104045.F	0.097542.F	0.086704.F	0.078034.F
41	0.097272.F	0.090787.F	0.085113.F	0.073656.F	0.068090.F
42	0.083805.F	0.078216.F	0.073328.F	0.065180.F	0.058662.F
43	0.070910.F	0.066183.F	0.062047.F	0.055153.F	0.049657.F
44	0.058471.F	0.054573.F	0.051162.F	0.045478.F	0.040950.F
45	0.046384.F	0.043292.F	0.040586.F	0.036077.F	0.032469.F
46	0.054557.F	0.052253.F	0.030237.F	0.026878.F	0.024190.F
47	0.022937.F	0.021408.F	0.020070.F	0.017840.F	0.016056.F
48	0.011458.F	0.010676.F	0.010009.F	0.008897.F	0.008007.F
49	0	0	0	0	0
	4-5 0.564528.F	4-5.0.546516.F	4-5.0.531034.F	4-5 0.502975.F	4-5.0.478905.F
	D 0.490908	D 0.473780	D 0.458309	D 0.431446	D 0.408814
	29-30.0.466270.F	29-30.0.450820.F	29-30.0.436871.F	29-30.0.412388.F	29-30.0.391598.F
	D 0.608112	D 0.587284	D 0.568569	D 0.555862	D 0.508223

Tableau 5.

TABLEAU DONNANT LES ORDONNÉES DES EXCÈS DE TRAVAIL POUR UNE MANIVELLE.

Admission $\frac{1}{15}$. *8 atm. de tension. — Condensation.*

1	0	1.234773	Excès négatif.	Les chiffres de la troisième colonne sont les différences, positives ou négatives, entre ceux de la première et la pression moyenne qui est 1.2347732982.
2	1.300032	0.065259		
3	2.566205	1.331432		
4	3.765641	2.530868		
5	4.001790	2.767017		
6	3.111747	1.876974	Excès positif = 1.539444	
7	2.504336	1.269763		
8	2.060242	0.825469		
9	1.719019	0.484246		
10	1.447704	0.212931		
11	1.226385	0.008388		
12	1.042338	0.192415		
13	0.887124	0.347649		
14	0.754672	0.480101		
15	0.640592	0.594181		
16	0.541552	0.693241		
17	0.454837	0.779936		
18	0.378354	0.856439	Excès négatif = 1.554623	
19	0.510194	0.924579		
20	0.248850	0.985925		
21	0.192917	1.041856		
22	0.141166	1.093607		
23	0.092460	1.142313		
24	0.045734	1.189099		
25	0	1.234773		
26	0.830334	0.404499		

Tableau 8. (*Suite.*)

TABLEAU DONNANT LES ORDONNÉES DES EXCÈS DE TRAVAIL POUR UNE MANIVELLE.

Admission $\frac{1}{15}$. 8 atm. de tension. — Condensation.

27	1.658085	0.423310	
28	2.479506	1.244733	
29	5.290198	2.055425	
30	5.284556	2.049785	
31	2.703109	1.468556	} Excès positif = 1.300527
32	2.280112	1.045339	
33	1.955581	0.720608	
34	1.695426	0.460653	
35	1.480289	0.245516	
36	1.296179	0.061406	
37	1.138239	0.096514	
38	0.997460	0.257513	
39	0.871008	0.363765	
40	0.756098	0.478675	
41	0.650674	0.584099	
42	0.553161	0.681612	
43	0.462270	0.772503	} Excès négatif = 1.240595
44	0.376916	0.857857	
45	0.296113	0.938660	
46	0.218873	1.015900	
47	0.144432	1.090341	
48	0.071770	1.163003	
49	0	1.254773	
4–5	4.459955	5.225180	
D	0.473780		
29–30	3.679007	2.444234	
D	0.587284		

Tableau 6.

DISPOSITIONS DES ORDONNÉES POUR DEUX MANIVELLES.

La somme des ordonnées de la seconde et de la quatrième colonne donne les ordonnées de la cinquième, ou du travail total. Leur différence avec la pression moyenne 2.4695465964 donne les ordonnées des excès de travail positifs ou négatifs.

	1e MANIVELLE		2e MANIVELLE	SOMMES.		
1	0	37	1.138259	1.138259	1.331288	
2	1.300032	38	0.997460	2.297492	0.172035	
3	2.566205	39	0.871008	3.437213	0.967666	
4	3.765641	40	0.706098	4.521759	2.052192	
5	4.001790	41	0.650674	4.652464	2.182917	Excès positif = 0.941085
6	3.111747	42	0.553161	3.664908	1.195361	
7	2.504536	43	0.462270	2.966806	0.497259	
8	2.060242	44	0.376916	2.437158	0.032389	
9	1.719019	45	0.296113	2.015132	0.454415	
10	1.447704	46	0.218873	1.666577	0.802970	
11	1.226395	47	0.144432	1.370817	1.098730	Excès négatif = 0.764767
12	1.042358	48	0.071770	1.114128	1.355419	
13	0.887124	1	0	0.887124	1.582423	
14	0.754672	2	1.300032	2.054704	0.414843	
15	0.640592	3	2.566205	3.206797	0.737250	
16	0.541532	4	3.765641	4.307173	1.837626	
17	0.454837	5	4.001790	4.456627	1.987080	Excès positif = 0.804580
18	0.378334	6	3.111747	3.490081	1.020534	
19	0.310194	7	2.504536	2.814730	0.345183	
20	0.248850	8	2.060242	2 309092	0.160312	
21	0.192917	9	1.719019	1.911936	0.557468	
22	0.141166	10	1.447704	1.588870	0.880534	
23	0.092460	11	1.226385	1.318843	1.150559	Excès négatif = 0.892420
24	0.045734	12	1.042358	1.088092	1.381355	
25	0	13	0.887124	0.887124	1.582280	

Tableau 6. (*Suite.*)

DISPOSITIONS DES ORDONNÉES POUR DEUX MANIVELLES.

La somme des ordonnées de la seconde et de la quatrième colonne donne les ordonnées de la cinquième, ou du travail total. Leur différence avec la pression moyenne 2.4695465964 donne les ordonnées des excès de travail positifs ou négatifs.

	1e MANIVELLE		2e MANIVELLE	SOMMES.		
26	0.830334	14	0.754672	1.584946	0.884541	
27	1.658083	15	0.640592	2.298675	0.170872	
28	2.479506	16	0.541532	3.021038	0.551491	
29	3.290198	17	0.454837	3.745035	1.275488	
30	3.284556	18	0.378334	3.662890	1.193343	Excès positif = 0.502456
31	2.703109	19	0.310194	3.013303	0.543756	
32	2.280112	20	0.248850	2.528962	0.059415	
33	1.955381	21	0.192917	2.148298	0.321249	
34	1.695426	22	0.141166	1.836592	0.632955	
35	1.480289	23	0.092460	1.572749	0.896798	
36	1.296179	24	0.045734	1.341853	1.127654	Excès négatif = 0.642894
37	1.138239	25	0	1.138239	1.331288	
38	0.997460	26	0.830334	1.827734	0.641753	
39	0.871008	27	1.658083	2.529091	0.059544	
40	0.756098	28	2.479506	3.235604	0.766057	
41	0.650674	29	3.290198	3.940873	1.471325	
42	0.555161	30	3.284556	3.837717	1 368170	Excès positif = 0.623416
43	0.462270	31	2.703109	3.165379	0.695832	
44	0.376916	32	2.280112	2.657028	0.187481	
45	0.296113	33	1.955381	2.251494	0.218055	
46	0.218873	34	1.695426	1.914299	0.555248	
47	0.144432	35	1.480289	1.624721	0.844826	
48	0.071770	36	1.296179	1.567949	1.101598	Excès négatif = 0.538696
49	0	37	1.138239	1.138239	1.351288	

Tableau 7.

DISPOSITIONS DES ORDONNÉES POUR TROIS MANIVELLES.

La somme des ordonnées de la seconde, de la quatrième et de la sixième colonne donne les ordonnées de la huitième, ou du travail total. Leur différence avec la pression moyenne 3.7043198946 donne les ordonnées des excès de travail positifs ou négatifs.

	Première MANIVELLE		Deuxième MANIVELLE		Troisième MANIVELLE		SOMMES.	
1	0	33	1.955381	17	0.454837	1	2 410218	
2	1.300032	34	1.695426	18	0.378334	2	3.373792	
3	2.566205	35	1.480289	19	0.310194	3	4.356688	
4	3.765641	36	1.296179	20	0.248850	4	5.310670	
5	4.001790	37	1.138259	21	0.192917	5	5.332966	
6	3.111747	38	0.997460	22	0.141166	6	4.250373	
7	2.504336	39	0.871008	23	0.092460	7	3.468004	
8	2.060242	40	0.756098	24	0.045734	8	2.862074	
9	1.719019	41	0.650674	25	0	9	2.369693	
10	1.447704	42	0.553161	26	0.830334	10	2.831199	
11	1.226385	43	0.462270	27	1.658083	11	3.346738	
12	1.042358	44	0.376916	28	2.479506	12	3.898780	
13	0.887124	45	0.296113	29	3.290198	13	4.473435	
14	0.754672	46	0.218873	30	3.284536	14	4.258101	
15	0.640392	47	0.144432	31	2.703109	15	3.488135	
16	0.344532	48	0.071770	32	2.280112	16	2.893414	
17	0.454837	1	0	33	1.955381	17	2.410218	
18	0.378334	2	1.300032	34	1.695426	18	3.373792	
19	0.310194	3	2.566205	35	1.480289	19	4.356688	0.652582
20	0.248850	4	3.765641	36	1.296179	20	5.310670	1.606564
21	0.192917	5	4.001790	37	1.138259	21	5.332966	1.628860
22	0.141166	6	3.111747	38	0.997460	22	4.250373	0.546267
23	0.092460	7	2.504336	39	0.871008	23	3.468004	0.256102
24	0.045734	8	2.060242	40	0.756098	24	2.862074	0.842246
25	0	9	1.719019	41	0.650674	25	2.369693	1.334413

Excès positif = 0.593060 (rows 19–22)

Excès négatif = 0.461997 (rows 23–25)

Tableau 7. (Suite.)

DISPOSITIONS DES ORDONNÉES POUR TROIS MANIVELLES.

La somme des ordonnées de la seconde, de la quatrième et de la sixième colonne donne les ordonnées de la huitième, ou du travail total. Leur différence avec la pression moyenne 3.7043198946 donne les ordonnées des excès de travail positifs ou négatifs.

	Première MANIVELLE		Deuxième MANIVELLE		Troisième MANIVELLE		SOMMES.		
26	0.830334	10	1.447704	42	0.553161	26	2.831199	0.873121	
27	1.658083	11	1.226385	43	0.462270	27	3.346738	0.357368	
28	2.479506	12	1.042358	44	0.376916	28	3.898780	0.194460	
29	3.290198	13	0.887124	45	0.296113	29	4.473435	0.769115	Excès positif = 0.142538
30	3.284556	14	0.754672	46	0.218873	30	4.258101	0.553781	
31	2.703109	15	0.640592	47	0.144432	31	3.488133	0.216187	
32	2.280112	16	0.541532	48	0.071770	32	2.893414	0.810906	
33	1.955381	17	0.454837	1	0	33	2.410218	1.294102	Excès négatif = 0.323104
34	1.695426	18	0.378334	2	1.300032	34	3.373792	0.330528	
35	1.480289	19	0.310194	3	2.566205	35	4.356688		
36	1.296179	20	0.248850	4	3.765641	36	5.310670		
37	1.138259	21	0.192917	5	4.001790	37	5.332966		
38	0.997460	22	0,141166	6	3.111747	38	4.250373		
39	0.871008	23	0.092460	7	2.504536	39	3.468004		
40	0.756098	24	0.045754	8	2.060242	40	2.862074		
41	0.650674	25	0	9	1.719019	41	2.569693		
42	0.553161	26	0.830334	10	1.447704	42	2.831199		
43	0.462270	27	1.658083	11	1.226385	43	3.346738		
44	0.376916	28	2.479506	12	1.042358	44	3.898780		
45	0.296113	29	3.290198	13	0.887124	45	4.473435		
46	0.218873	30	3.284556	14	0.754672	46	4.258101		
47	0.144432	31	2.703109	15	0.640592	47	3.488133		
48	0.071770	32	2.280112	16	0.541532	48	2.893414		
49	0	33	1.955381	17	0.454837	49	2.410418		

Tableau 8.

Pleine tension pendant toute la course diminuée de la contrepression.

Colonne A : $F = \begin{cases} 8 \text{ atm.} = 8^k,264 \text{ à condensation.} \\ 9 \text{ atm.} = 9^k,297 \text{ à échappement libre.} \end{cases}$

Colonne B : $F = \begin{cases} 7 \text{ atm.} = 7^k,231 \text{ à condensation.} \\ 8 \text{ atm.} = 8^k,264 \text{ à échappement libre.} \end{cases}$

n	F'' (colonne A)	F'' (colonne B)
1	0	0
2	1.300052	1.135471
3	2.506305	2.241369
4	3.765641	3.288978
5	4.870355	4.254011
6	5.851907	5.111159
7	6.688641	5.841977
8	7.364094	6.431930
9	7.857584	6.871697
10	8.134648	7.137331
11	8.346846	7.290983
12	8.351504	7.276885
13	8.160700	7.127700
14	7.850291	6.855585
15	7.418436	6.479395
16	6.884391	6.012940
17	6.267197	5.473846
18	5.584530	4.877628
19	4.892336	4.258116
20	4.083933	3.566979
21	3.290198	2.873718
22	2.479506	2.163645
23	1.638085	1.448199
24	0.830334	0.723229
25	0	0
26	0.830334	0.723229
27	1.638085	1.448199
28	2.479506	2.163645
29	3.290198	2.873718
30	4.083933	3.566979
31	4.892336	4.238116
32	5.584530	4.877628
33	6.267197	5.473846
34	6.884391	6.012349
35	7.418436	6.479395
36	7.850291	6.836383
37	8.160700	7.127700
38	8.331504	7.276885
39	8.346816	7.290283
40	8.194648	7.137331
41	7.867584	6.871687
42	7.364094	6.431930
43	6.688641	5.841977
44	5.851907	5.171139
45	4.870355	4.254011
46	3.763641	3.288978
47	2.506305	2.241369
48	1.300052	1.135471
49	0	0

Colonne A

UNE MANIVELLE.

$T = 32.042800$

$P = 8.160700$

$P' = 3.193402$

$E = 4.334288$

$B = \dfrac{E}{T} = 0.132779$

$PV^2 = 44139.6 \times 0.132779 \times \dfrac{n.N}{m}$

$PV^2 = 5860.81 \times \dfrac{n.N}{m}$

DEUX MANIVELLES.

$T = 65.285600$

$P = 16.521400$

$P' = 10.390204$

$E = 2.941308$

$B = \dfrac{E}{T} = 0.038599$

$PV^2 = 44139.6 \times 0.038599 \times \dfrac{n.N}{m}$

$PV^2 = 1705.75 \times \dfrac{n.N}{m}$

TROIS MANIVELLES.

$T = 97.928400$

$P = 24.482100$

$P' = 15.583306$

$E = 1.053097$

$B = \dfrac{E}{T} = 0.010349$

$PV^2 = 44139.6 \times 0.010349 \times \dfrac{n.N}{m}$

$PV^2 = 465.65 \times \dfrac{n.N}{m}$

Colonne B

UNE MANIVELLE.

$T = 28.310800$

$P = 7.127700$

$P' = 4.337491$

$E = 3.766364$

$B = \dfrac{E}{T} = 0.132103$

$PV^2 = 44139.6 \times 0.132103 \times \dfrac{n.N}{m}$

$PV^2 = 5850.97 \times \dfrac{n.N}{m}$

DEUX MANIVELLES.

$T = 57.021600$

$P = 14.255400$

$P' = 9.073088$

$E = 2.702268$

$B = \dfrac{E}{T} = 0.038621$

$PV^2 = 44139.6 \times 0.038621 \times \dfrac{n.N}{m}$

$PV^2 = 1704.72 \times \dfrac{n.N}{m}$

TROIS MANIVELLES.

$T = 85.532400$

$P = 21.585100$

$P' = 13.612482$

$E = 0.900406$

$B = \dfrac{E}{T} = 0.010327$

$PV^2 = 44139.6 \times 0.010327 \times \dfrac{n.N}{m}$

$PV^2 = 464.66 \times \dfrac{n.N}{m}$

Tableau 9.

Pleine tension pendant toute la course diminuée de la contrepression.

Column F'' (col. 52): $F = \begin{cases} 6\ \text{atm.} = 6^k,198\ \text{à condensation.} \\ 7\ \text{atm.} = 7^k,231\ \text{à échappement libre.} \end{cases}$

Column F'' (col. 53): $F = \begin{cases} 5\ \text{atm.} = 5^k,165\ \text{à condensation.} \\ 6\ \text{atm.} = 6^k,198\ \text{à échappement libre.} \end{cases}$

	F'' (col. 52)	F'' (col. 53)
1	0	0
2	0.970910	0.806349
3	1.916355	1.501697
4	2.812514	2.333651
5	3.637488	3.020965
6	4.370412	3.629664
7	4.995514	4.148651
8	5.499766	4.567605
9	5.875790	4.879894
10	6.120054	5.082757
11	6.253720	5.177158
12	6.222262	5.167641
13	6.094700	5.061700
14	5.862876	4.869168
15	5.540351	4.601308
16	5.141507	4.270065
17	4.680535	3.887224
18	4.170725	3.465825
19	3.625896	3.009677
20	3.050026	2.533072
21	2.457257	2.040736
22	1.851785	1.357922
23	1.258515	1.028432
24	0.620124	0.515018
25	0	0
26	0.620124	0.515018
27	1.258515	1.028432
28	1.851785	1.357922
29	2.457257	2.040736
30	3.050026	2.535072
31	3.625896	3.009677
32	4.170725	3.465825
33	4.680535	3.887224
34	5.141507	4.270065
35	5.540351	4.601308
36	5.862876	4.869168
37	6.094700	5.061700
38	6.222262	5.167641
39	6.253720	5.177158
40	6.120054	5.082757
41	5.875790	4.879894
42	5.499766	4.567605
43	4.995514	4.148651
44	4.370412	3.629664
45	3.637488	3.020965
46	2.812514	2.333651
47	1.916355	1.501697
48	0.970910	0.806349
49	0	0

Col. 52 — UNE MANIVELLE.

$T = 24.378800$

$P = 6.094700$

$P' = 5.879886$

$E = 3.221368$

$B = \dfrac{E}{T} = 0.132142$

$PV^2 = 44139.6 \times 0.132142 \times \dfrac{n.N}{m}$

$PV^2 = 5852.70 \times \dfrac{n.N}{m}$

Col. 52 — DEUX MANIVELLES.

$T = 48.737600$

$P = 12.189400$

$P' = 7.739772$

$E = 1.983062$

$B = \dfrac{E}{T} = 0.038621$

$PV^2 = 44139.6 \times 0.038621 \times \dfrac{n.N}{m}$

$PV^2 = 1704,72 \times \dfrac{n.N}{m}$

Col. 52 — TROIS MANIVELLES.

$T = 73.136400$

$P = 18.284100$

$P' = 11.639638$

$E = 0.771960$

$B = \dfrac{E}{T} = 0.010555$

$PV^2 = 44139.6 \times 0.010555 \times \dfrac{n.N}{m}$

$PV^2 = 465.80 \times \dfrac{n.N}{m}$

Col. 53 — UNE MANIVELLE.

$T = 20.246800$

$P = 5.061700$

$P' = 3.222278$

$E = 2.674522$

$B = \dfrac{E}{T} = 0.132096$

$PV^2 = 44139.6 \times 0.132096 \times \dfrac{n.N}{m}$

$PV^2 = 5830.66 \times \dfrac{n.N}{m}$

Col. 53 — DEUX MANIVELLES.

$T = 40.493600$

$P = 10.125400$

$P' = 6.444536$

$E = 1.564165$

$B = \dfrac{E}{T} = 0.038627$

$PV^2 = 44139.6 \times 0.038627 \times \dfrac{n.N}{m}$

$PV^2 = 1704.98 \times \dfrac{n.N}{m}$

Col. 53 — TROIS MANIVELLES.

$T = 60.740400$

$P = 15.185100$

$P' = 9.666854$

$E = 0.642895$

$B = \dfrac{E}{T} = 0.010571$

$PV^2 = 44139.6 \times 0.010571 \times \dfrac{n.N}{m}$

$PV^2 = 466.60 \times \dfrac{n.N}{m}$

Tableau 10.

Pleine tension pendant toute la course diminuée de la contre pression.

$$F = \begin{cases} 4 \text{ atm.} = 4^k.132 \text{ à condensation.} \\ 5 \text{ atm.} = 5^k.465 \text{ à échappement libre.} \end{cases}$$

	F″	
1	0	UNE MANIVELLE.
2	0.641788	
3	1.266861	$T = 16.114800$
4	1.858987	$P = 4.028700$
5	2.404441	$P' = 2.564670$
6	2.858916	$E = 2.128394$
7	3.301987	$B = \dfrac{E}{T} = 0.132076$
8	3.635459	
9	3.883998	$PV^2 = 44159.6 \times 0.132076 \times \dfrac{n.N}{m}$
10	4.045459	
11	4.120595	$PV^2 = 5829.78 \times \dfrac{n.N}{m}$
12	4.113020	
13	4.028700	DEUX MANIVELLES.
14	3.875460	
15	3.662265	$T = 32.229600$
16	3.598623	$P = 8.057400$
17	3.093913	$P' = 5.129340$
18	2.756920	$E = 1.242508$
19	2.595457	$B = \dfrac{E}{T} = 0.038552$
20	2.016118	
21	1.624275	$PV^2 = 44159.6 \times 0.038552 \times \dfrac{n.N}{m}$
22	1.224060	
23	0.818348	$PV^2 = 1701.67 \times \dfrac{n.N}{m}$
24	0.409912	

Tableau 10. *(Suite.)*

Pleine tension pendant toute la course diminuée de la contre pression.

$$F = \begin{cases} 4 \text{ atm.} = 4^{k}.132 \text{ à condensation.} \\ 5 \text{ atm.} = 5^{k}.165 \text{ à échappement libre.} \end{cases}$$

	F″	
25	0	TROIS MANIVELLES.
26	0.409912	
27	0.818548	$T = 48.344400$
28	1.224060	$P = 12.086100$
29	1.624275	$P' = 7.694010$
30	2.016118	$E = 0.504498$
31	2.595457	$B = \dfrac{E}{T} = 0.010456$
32	2.756920	
33	5.093913	$PV^2 = 44139.6 \times 0.010456 \times \dfrac{n\,N}{m}$
34	3.398623	
35	2.662265	$PV^2 = 460.64 \times \dfrac{n.N}{m}$
36	5.875460	
37	4.028700	
38	4.113020	
39	4.120595	
40	4.045459	
41	3.883998	
42	3.635459	
43	3.501987	
44	2.888916	
45	2.404441	
46	1.858987	
47	1.206861	
48	0.641788	
49	0	

Tableau II.

Admission ½. — Condensation.

#	F''	F = 8 atm. = 8k.264.	F''	F = 7 atm. = 7k.231
1	0	UNE MANIVELLE.	0	UNE MANIVELLE.
2	1.360038		1.133471	
3	2.566395	$T = 27.5711560216$	2.211360	$T = 24.0710329384$
4	3.765644	$P = 6.8927842504$	3.288978	$P = 6.0177581346$
5	4.870355	$P' = 4.3880827277$	4.254011	$P' = 3.8510258774$
6	5.851907	$c = 1.000000$	5.111139	$E = 3.722755$
7	6.688641	$e' = 1.439455$	5.841977	$B = \frac{E}{T} = 0.134657$
8	7.564094	$e'' = 1.682137$	6.451530	
9	7.867584	$p = 4.388889$	6.871687	$PV^2 = 44159.6 \times B \times \frac{n.N}{m} = 6896.59 \times \frac{n.N}{m}$
10	8.194648	$p' = 4.388889$	7.137551	
11	8.346846	$p'' = 0.111111$	7.390285	DEUX MANIVELLES.
12	8.351504	$p''' = 0.111111$	7.276883	
13	7.534879	$o = 85°.37'.2382$	6.596537	$T = 48.1420658768$
14	6.303940	$b = 12°.49'.5530$	5.508276	$P = 12.0555164692$
15	5.414829	$o' = 96°.22'.7618$	4.726957	$P' = 7.6620477548$
16	4.627898	$b' = 12°.49'.5530$	4.038318	$E = 1.657047$
17	3.926907	$E = 4.263165$	3.496198	$B = \frac{E}{T} = 0.034419$
18	3.297006	$B = \frac{E}{T} = 0.134684$	2.876044	
19	2.723685		2.377593	$PV^2 = 44159.6 \times B \times \frac{n.N}{m} = 1519.24 \times \frac{n.N}{m}$
20	2.309394	$PV^2 = 44159.6 \times B \times \frac{n.N}{m} = 6825.04 \times \frac{n.N}{m}$	1.920655	
21	1.717592		1.497687	TROIS MANIVELLES.
22	1.269756	DEUX MANIVELLES.	1.100089	
23	0.829875		0.725346	$T = 72.2130988152$
24	0.411525	$T = 55.1422738432$	0.338585	$P = 18.0832747058$
25	0	$P = 15.7853684608$	0	$P' = 11.4930716322$
26	0.830554	$P' = 8.7761834554$	0.790299	$E = 1.115669$
27	1.638065	$E = 1.900058$	1.448199	$B = \frac{E}{T} = 0.015449$
28	2.479506	$B = \frac{E}{T} = 0.054417$	2.165645	
29	3.290198		2.673718	$PV^2 = 44159.6 \times B \times \frac{n.N}{m} = 681.96 \times \frac{n.N}{m}$
30	4.085953	$PV^2 = 44159.6 \times B \times \frac{n.N}{m} = 1519.15 \times \frac{n.N}{m}$	3.566979	
31	4.869556		4.238116	
32	5.584350	TROIS MANIVELLES.	4.877698	
33	6.287157		5.473846	
34	6.884391	$T = 82.7154107648$	6.013949	
35	7.418436	$P = 20.6785326912$	6.479593	
36	7.830291	$P' = 13.1642481854$	6.896385	
37	8.160700	$F = 1.277816$	7.127790	
38	8.166458	$B = \frac{E}{T} = 0.015449$	7.152451	
39	7.219539		6.383908	
40	6.344967	$PV^2 = 44159.6 \times B \times \frac{n.N}{m} = 681.91 \times \frac{n.N}{m}$	5.538890	
41	5.527401		4.834097	
42	4.754612		4.148653	
43	4.017569		3.504614	
44	3.308347		2.883546	
45	2.621586		2.286181	
46	1.961563		1.701484	
47	1.294384		1.128525	
48	0.645242		0.562530	
49	0		0	
12-13	8.515574	(7-8) 10.680600 (3-6) 15.375000	7.262969	9.325000 13.375000
D	1.439455	0.836000 0.654939		
37-38	8.315908		7.565262	
D	1.082137			

Tableau 12.

Admission $\frac{1}{2}$. — Condensation.

	F''	F = 6 atm. = $6^k.198$.	F''	F = 3 atm. = $5^k.165$.
1	0	UNE MANIVELLE.	0	UNE MANIVELLE.
2	0.970910		0.806349	
3	1.916333	T = 20.5750551044	1.591697	T = 17.0770103760
4	2.812314	P = 5.1437632761	2.355651	P = 4.2692528440
5	3.687488	P' = 3.2746214039	3.020963	P' = 2.7178906484
6	4.570412	E = 3.184237	3.639064	E = 2.645692
7	4.993314	$B = \frac{E}{T} = 0.154762$	4.148631	$B = \frac{E}{T} = 0.154927$
8	5.499706		4.567603	
9	5.875790	$PV^2 = 44139.6 \times B \times \frac{n.N}{m} = 6831.13 \times \frac{n.N}{m}$	4.879894	$PV^2 = 44139.6 \times B \times \frac{n.N}{m} = 6838.42 \times \frac{n.N}{m}$
10	6.120064		5.082736	
11	6.253720	DEUX MANIVELLES.	5.177138	DEUX MANIVELLES.
12	6.222262		5.167641	
13	5.467854	T = 41.1501062088	4.330312	T = 54.1540211320
14	4.704612	P = 10.2875263522	3.905948	P = 8.3585032880
15	4.037646	P' = 6.5492428118	5.349034	P' = 5.4557812928
16	3.449137	E = 1.416323	2.839757	E = 1.185467
17	2.925548	$B = \frac{E}{T} = 0.034423$	2.424508	$B = \frac{E}{T} = 0.034709$
18	2.433082		2.034190	
19	2.028915	$PV^2 = 44139.6 \times B \times \frac{n.N}{m} = 1519.42 \times \frac{n.N}{m}$	1.680326	$PV^2 = 44139.6 \times B \times \frac{n.N}{m} = 1532.04 \frac{n.N}{m}$
20	1.638871		1.537110	
21	1.277782	TROIS MANIVELLES.	1.057877	TROIS MANIVELLES.
22	0.959221		0.777435	
23	0.617158	T = 61.7251303152	0.310800	T = 51.2310317980
24	0.306866	P = 15.4512808283	0.253156	P = 12.8077579320
25	0	P' = 9.8298642177	0	P' = 8.1335719392
26	0.620123	E = 0.955843	0.516017	E = 0.794066
27	1.138313	$B = \frac{E}{T} = 0.015483$	1.028432	$B = \frac{E}{T} = 0.015500$
28	1.831785		1.537922	
29	2.457237	$PV^3 = 44139.6 \times B \times \frac{n.N}{m} = 683.50 \times \frac{n.N}{m}$	2.040736	$PV^3 = 44139.6 \times B \times \frac{n.N}{m} = 684.16 \times \frac{n.N}{m}$
30	3.060026		2.333072	
31	3.623896		3.009677	
32	4.170723		3.463825	
33	4.680534		3.867224	
34	5.141507		4.270065	
35	5.540331		4.601308	
36	5.862876		4.869168	
37	6.004700		5.061700	
38	6.088463		6.064476	
39	5.588090		4.473466	
40	4.732793		5.926705	
41	4.120633		3.417272	
42	3.542655		2.936676	
43	2.991890		2.479106	
44	2.462742		2.059030	
45	1.950777		1.615372	
46	1.431603		1.201727	
47	0.962667		0.796808	
48	0.479813		0.397106	
49	0		0	
12-13	6.210363	7.975000 11.425000	5.157600	6.625000 9.325000
D	1.459435	0.850000 0.634939		
37-38	6.210615		5.157908	
D	1.682157			

Tableau 13.

Admission ½. — Condensation.

	F''	F = 8 atm. = 8k,264.	F''	F = 7 atm. = 7k,234.
1	0	UNE MANIVELLE.	0	UNE MANIVELLE.
2	1.500032		1.135471	
3	2.566205	$T = 22.7107149170$	2.241369	$T = 19.8301254578$
4	3.765641	$P = 5.6776787292$	3.288978	$P = 4.9575513644$
5	4.970338	$P' = 3.6145225403$	4.254011	$P' = 3.1360624888$
6	5.831907	$c = 0.666667$	5.111159	$E = 3.254674$
7	6.688041	$c' = 1.151517$	5.841977	$B = 0.164128$
8	7.364094	$c'' = 1.542135$	6.431950	
9	7.867384	$p = 4.508046$	6.871687	$PV^2 = 44139.6 \times B \times \frac{n.N}{m} = 7244.54 \times \frac{n.N}{m}$
10	7.655439	$p' = 4.393341$	6.683793	
11	6.554550	$p'' = 0.423287$	5.722024	DEUX MANIVELLES.
12	5.635638	$p''' = 0.226674$	4.916251	
13	4.848819	$a = 64°\,49',8701$	4.229804	$T = 39.6602509156$
14	4.170844	$b = 11°.36',4383$	3.637067	$P = 9.9150627289$
15	3.378876	$a' = 76°.53',9198$	3.119516	$P' = 6.3121249776$
16	3.056234	$b' = 12°.29',9646$	2.663311	$E = 1.465464$
17	2.591511	$E = 3.726539$	2.257636	$B = 0.037205$
18	2.174432	$B = 0.164005$	1.895792	
19	1.796656		1.564596	$PV^2 = 44139.6 \times B \times \frac{n.N}{m} = 1651 \times \frac{n.N}{m}$
20	1.451031	$PV^2 = 44139.6 \times B \times \frac{n.N}{m} = 7259.60 \times \frac{n.N}{m}$	1.265190	
21	1.151179		0.984376	TROIS MANIVELLES.
22	0.831576	DEUX MANIVELLES.	0.723050	
23	0.546255		0.475348	$T = 59.4903763754$
24	0.270715	$T = 45.4214298340$	0.255360	$P = 14.8723940935$
25	0	$P = 11.5853574385$	0	$P' = 9.4681874664$
26	0.850534	$P' = 7.2290450806$	0.725229	$E = 0.990676$
27	1.658083	$E = 1.676377$	1.448199	$B = 0.016685$
28	2.479506	$B = 0.036889$	2.463645	
29	3.290198		2.873718	$PV^2 = 44139.6 \times B \times \frac{n.N}{m} = 733.06 \times \frac{n.N}{m}$
30	4.065955	$PV^2 = 44139.6 \times B \times \frac{n.N}{m} = 1651.75 \times \frac{n.N}{m}$	3.366979	
31	4.852556		4.258116	
32	5.584550	TROIS MANIVELLES.	4.877628	
33	6.267157		5.475846	
34	6.884591	$T = 68.1521147810$	6.012949	
35	7.418436	$P = 17.0530561872$	6.479595	
36	6.878379	$P' = 10.8435676209$	6.006160	
37	6.104495	$E = 1.114654$	5.328519	
38	5.409147	$B = 0.016551$	4.719820	
39	4.477666		4.167950	
40	4.195409	$PV^2 = 44139.6 \times B \times \frac{n.N}{m}\,731.97 \times \frac{n.N}{m}$	3.658017	
41	3.651729		3.182814	
42	3.158069		2.754685	
43	2.630016		2.308181	
44	2.180881		1.899012	
45	1.727173		1.503570	
46	1.285028		1.117411	
47	0.853095		0.741522	
48	0.424676		0.369834	
49	0		0	
9-10	8.098491	(8-9) 9.600000 (3 4) 12.150000	7.673566	8.590000 10.600000
D	1.151517	1.006298 0.294937		
33-36	7.538210		6.584006	
D	1.342133			

Tableau 14.

Admission ⅕. — Condensation.

#	F' F = 6 atm. = 6^k.498.	(F')	F'' F = 3 atm. = 5^k.165.	(F'')
1	0	UNE MANIVELLE.	0	UNE MANIVELLE.
2	-0.970946		-0.806349	
3	-1.916855	T = 16.9581969132	-1.391697	T = 14.0462629944
4	2.812544	P = 4.2343492283	2.333651	P = 3.3115657486
5	3.657488	P' = 2.6957977658	3.020985	P' = 2.2333821875
6	4.370412	E = 2.783758	3.629664	E = 2.512575
7	4.995314	$B = \frac{E}{T} = 0.164348$	4.148651	$B = \frac{E}{T} = 0.164640$
8	5.499766		4.567605	
9	5.875790	$PV^s = 44139.6 \times B \times \frac{n.N}{m} = 7254.25 \times \frac{n.N}{m}$	4.879894	$PV^s = 44139.6 \times B \times \frac{n.N}{m} = 7267.10 \times \frac{n.N}{m}$
10	5.714147		4.744501	
11	4.889498	DEUX MANIVELLES.	4.056972	DEUX MANIVELLES.
12	4.198865		3.481476	
13	3.640770	T = 33.8763938264	2.991775	T = 28.0925259888
14	3.103291	P = 8.4690934366	2.569814	P = 7.0251314972
15	2.660436	P' = 5.3915955516	2.201396	P' = 4.4710645750
16	2.370389	E = 1.255639	1.877467	E = 1.042404
17	1.925801	$B = \frac{E}{T} = 0.057006$	1.589945	$B = \frac{E}{T} = 0.057103$
18	1.643152		1.332514	
19	1.332136	$PV^s = 44139.6 \times B \times \frac{n.N}{m} = 1655.43 \times \frac{n.N}{m}$	1.099877	$PV^s = 44139.6 \times B \times \frac{n.N}{m} = 1637.71 \times \frac{n.N}{m}$
20	1.073549		0.887509	
21	0.837972	TROIS MANIVELLES.	0.691369	TROIS MANIVELLES.
22	0.615685		0.507840	
23	0.464445	T = 58.8143907596	0.333358	T = 42.1587889832
24	0.200407	P = 12.7055476849	0.165254	P = 10.5546972458
25	0	F' = 8.0875952974	0	P' = 6.7065965625
26	0.620125	E = 0.848612	0.515047	E = 0.723935
27	1.238515	$B = \frac{E}{T} = 0.016700$	1.028432	$B = \frac{E}{T} = 0.017180$
28	1.851785		1.537922	
29	2.457257	$PV^s = 44139.6 \times B \times \frac{n.N}{m} = 737.13 \times \frac{n.N}{m}$	2.040756	$PV^s = 44139.6 \times B \times \frac{n.N}{m} = 758.32 \times \frac{n.N}{m}$
30	3.030026		2.535072	
31	3.623896		3.009677	
32	4.170725		3.463825	
33	4.680535		3.887224	
34	5.141507		4.270063	
35	5.540534		4.601308	
36	5.133944		4.261725	
37	4.552545		3.776571	
38	4.031494		3.341163	
39	3.556855		2.946420	
40	3.190625		2.585232	
41	2.713899		2.244984	
42	2.330698		1.926712	
43	1.966345		1.624510	
44	1.617142		1.335273	
45	1.279967		1.056364	
46	0.951855		0.785268	
47	0.630950		0.518378	
48	0.314395		0.259252	
49	0		0	
9-13	6.048240	7.130000 9.060000	5.023115	5.950000 7.513000
D	1.131517			
35-36	3.629802		4.675899	
D	1.542135			

Tableau 13.

Admission ¼. — Condensation.

	F''	F = 8 atm. = 8k.264.	F''	F = 7 atm. = 7k.231.
1	0	UNE MANIVELLE.	0	UNE MANIVELLE.
2	1.500052		1.133471	
3	2.566105	$T = 19.3071360992$	2.241369	$T = 16.8490837754$
4	3.765641	$P = 4.8267840258$	3.288978	$P = 4.2103209433$
5	4.870555	$P' = 3.0718361465$	4.254011	$P' = 2.6803008846$
6	5.851907	$o = 0.5$	5.111139	$E = 2.863160$
7	6.688641	$c' = 0.938192$	5.841977	$B = 0.170000$
8	7.364094	$c'' = 1.132430$	6.431930	
9	6.720193	$p = 4.423000$	5.867720	$PV^2 = 44139.6 \times B \times \frac{n.N}{m} = 7503.73 \times \frac{n.N}{m}$
10	5.714134	$p' = 4.406230$	4.986901	
11	4.889486	$p'' = 0.573000$	4.255093	DEUX MANIVELLES.
12	4.198851	$p''' = 0.406230$	5.660812	
13	3.610790	$o = 54°\,54'.0222$	3.146528	$T = 35.6841675468$
14	3.103284	$b = 10°.28',3256$	2.702932	$P = 8.4210418866$
15	2.660462	$o' = 66°.1'.8513$	2.516167	$P' = 5.5610017692$
16	2.270377	$b' = 11°.42'.9427$	1.975687	$E = 1.379194$
17	1.925788	$E = 3.278295$	1.675598	$B = 0.040945$
18	1.615158	$B = 0.169727$	1.404677	
19	1.532135		1.157942	$PV^2 = 44139.6 \times B \times \frac{n.N}{m} = 1807.50 \times \frac{n.N}{m}$
20	1.075349	$PV^2 = 44139.6 \times B \times \frac{n.N}{m} = 7494.77 \times \frac{n.N}{m}$	0.934469	
21	0.837972		0.728020	TROIS MANIVELLES.
22	0.615685	DEUX MANIVELLES.	0.334801	
23	0.404443		0.351264	$T = 50.5262513202$
24	0.200535	$T = 58.6442721904$	0.173971	$T' = 12.6313628299$
25	0	$D = 9.6353680476$	0	$P' = 8.0413026558$
26	0.830534	$P' = 6.1436522950$	0.725299	$E = 0.808217$
27	1.658083	$E = 1.580581$	1.448199	$B = 0.013996$
28	2.479506	$B = 0.040952$	2.163645	
29	3.290198		2.873718	$PV^2 = 44139.6 \times B \times \frac{n.N}{m} = 706.06 \times \frac{n.N}{m}$
30	4.083935	$PV^2 = 44139.6 \times B \times \frac{n.N}{m} = 1906.72 \times \frac{n.N}{m}$	3.886979	
31	4.852556		4.238416	
32	5.584370	TROIS MANIVELLES.	4.877628	
33	6.267157		5.473846	
34	6.597408	$T = 57.9214083886$	5.761918	
35	5.809319	$P = 14.4803320714$	5.071416	
36	5.153947	$P' = 9.2184784595$	4.479783	
37	4.552638	$E = 0.925043$	3.970539	
38	4.050488	$B = 0.013956$	3.513494	
39	3.556841		3.099029	
40	3.120618	$PV^2 = 44139.6 \times B \times \frac{n.N}{m} = 703.41 \times \frac{n.N}{m}$	2.717575	
41	2.713905		2.362218	
42	2.330098		2.027709	
43	1.966334		1.709974	
44	1.617136		1.405735	
45	1.279967		1.112263	
46	0.951848		0.826909	
47	0.630950		0.548021	
48	0.314393		0.273057	
49	0		0	
8-9	7.544306	9.050000 (8) 10.686047	6.580531	7.890000 9.323476
D	0.958192	0.915298		
33-34	6.760741		5.912812	
D	1.132430			

Tableau 16.

Admission ¼. — Condensation.

	V″	F = 6 atm. = 6k.108.	V″	F = 5 atm. = 5.165.
1	0	UNE MANIVELLE.	0	UNE MANIVELLE.
2	0.970910		0.806549	
3	1.916383	$T = 14.3770518648$	1.591697	$T = 11.9120100695$
4	2.812314	$P = 3.5943629602$	2.335651	$P = 2.9780025149$
5	3.657488	$P' = 2.2881783714$	3.090965	$P' = 1.8958532851$
6	4.370412	$E = 2.449457$	3.629664	$E = 2.033443$
7	4.995314	$B = \frac{E}{T} = 0.170372$	4.148631	$B = \frac{E}{T} = 0.170703$
8	5.499766		4.567603	
9	5.015248	$PV^2 = 44139.6 \times B \times \frac{n.N}{m} = 7320.16 \times \frac{n.N}{m}$	4.162775	$PV^2 = 44139.6 \times B \times \frac{n.N}{m} = 7534.76 \times \frac{n.N}{m}$
10	4.259668		3.582435	
11	3.640700	DEUX MANIVELLES.	3.016308	DEUX MANIVELLES.
12	3.122772		2.584735	
13	2.682267	$T = 28.7544057296$	2.218006	$T = 23.8240201190$
14	2.309621	$P = 7.1895258324$	1.902289	$P = 5.9360050298$
15	1.971371	$P' = 4.5765577428$	1.627575	$P' = 3.7917103662$
16	1.680997	$E = 1.178666$	1.586307	$E = 0.975985$
17	1.425008	$B = \frac{E}{T} = 0.040991$	1.172619	$B = \frac{E}{T} = 0.040966$
18	1.192106		0.981715	
19	0.983747	$PV^2 = 44139.6 \times B \times \frac{n.N}{m} = 1809.53 \times \frac{n.N}{m}$	0.809552	$PV^2 = 44139.6 \times B \times \frac{n.N}{m} = 1808.22 \times \frac{n.N}{m}$
20	0.795388		0.632708	
21	0.618067	TROIS MANIVELLES.	0.506115	TROIS MANIVELLES.
22	0.453917		0.573054	
23	0.298085	$T = 43.4311558944$	0.244006	$T = 35.7360301785$
24	0.147681	$P = 10.7827898986$	0.121515	$P = 8.9340075446$
25	0	$P' = 6.8643566142$	0	$P' = 5.6873658493$
26	0.620123	$E = 0.691299$	0.313017	$E = 0.574350$
27	1.238515	$B = \frac{E}{T} = 0.018028$	1.028432	$B = \frac{E}{T} = 0.016071$
28	1.831785		1.357922	
29	2.457237	$PV^2 = 44139.6 \times B \times \frac{n.N}{m} = 797.47 \times \frac{n.N}{m}$	2.040756	$PV^2 = 44139.6 \times B \times \frac{n.N}{m} = 709.57 \times \frac{n.N}{m}$
30	3.030026		2.533072	
31	3.625806		3.009677	
32	4.170723		3.463823	
33	4.680535		3.887234	
34	4.926338		4.090757	
35	4.333513		3.895610	
36	3.825618		3.171455	
37	3.388579		2.806093	
38	2.992901		2.479507	
39	2.641217		2.185405	
40	2.514531		1.911488	
41	2.010551		1.658845	
42	1.724719		1.421750	
43	1.435897		1.197290	
44	1.194353		0.989952	
45	0.944362		0.776860	
46	0.701970		0.577030	
47	0.465091		0.382162	
48	0.251681		0.190325	
49	0		0	
8-9	5.634353	6.745000 7.961905	4.679380	5.600000 6.600336
b	0.938192			
33-34	3.033883		4.198955	
D	1.132430			

Tableau 17.

Admission $\frac{1}{2}$. — Condensation.

n	F''	F = 8 atm. = 8k.264.	F''	F = 7 atm. = 7k.231.
1	0	UNE MANIVELLE.	0	UNE MANIVELLE.
2	1.300032		1.135471	
3	2.566305	T = 16.8383158445	2.241369	T = 14.6818761986
4	3.763644	P = 4.2045780611	3.288078	P = 3.6704690496
5	4.870535	P' = 2.5768012000	4.254011	P' = 2.3366951700
6	5.851907	c = 0.4	5.111139	E = 2.589353
7	6.688641	c' = 0.846318	5.844977	B = 0.175948
8	6.367158	c'' = 1.026345	5.559611	
9	5.336154	p = 4.457325	4.674186	$PV^2 = 44139.6 \times B \times \frac{n.N}{m} = 7766.37 \times \frac{n.N}{m}$
10	4.550579	p' = 4.417949	3.968784	
11	3.830467	p'' = 0.662745	3.390962	DEUX MANIVELLES.
12	3.337998	p''' = 0.517949	2.907566	
13	2.867972	o = 48°29',4961	2.496365	T = 29.3657525972
14	2.462738	b = 9°34',7447	2.142492	P = 7.3409380992
15	2.109584	o' = 58°48',3134	1.854148	P' = 4.6733565400
16	1.798883	b' = 10°57',4953	1.585129	E = 1.506652
17	1.585174	E = 2.966847	1.532861	B = 0.044499
18	1.276585	B = 0.173602	1.407989	
19	1.033495		0.914969	$PV^2 = 44139.6 \times B \times \frac{n.N}{m} = 1964.17 \times \frac{n.N}{m}$
20	0.849940	$PV^2 = 44139.6 \times B \times \frac{n.N}{m} = 7731. \times \frac{n.N}{m}$	0.737256	
21	0.662048		0.574386	TROIS MANIVELLES.
22	0.486271	DEUX MANIVELLES.	0.423564	
23	0.319537		0.376814	T = 44.0496285958
24	0.138225	T = 33.6765316820.	0.137153	P = 11.0114071488
25	0	P = 8.4191579292	0	P' = 7.0100795100
26	0.850554	P' = 5.3496924000	0.728223	E = 0.715944
27	1.608985	E = 1.496381	1.448199	B = 0.016259
28	2.479506	B = 0.044440	2.163645	
29	3.290198		2.875718	$PV^2 = 44139.6 \times B \times \frac{n.N}{m} = 716.78 \times \frac{n.N}{m}$
30	4.083955	$PV^2 = 44139.6 \times B \times \frac{n.N}{m} = 1961.55 \times \frac{n.N}{m}$	3.586979	
31	4.852556		4.258116	
32	5.584550	TROIS MANIVELLES.	4.877628	
33	6.024806		5.251789	
34	5.260565	T = 50.5149475535	4.502101	
35	4.628674	P = 12.6287568853	4.038352	
36	4.087279	P' = 8.0387086000	3.563948	
37	3.621576	E = 0.847935	3.135291	
38	3.203305	B = 0.018192	2.789707	
39	2.894557		2.438088	
40	2.476754	$PV^2 = 44139.6 \times B \times \frac{n.N}{m} = 714.71 = \frac{n.N}{m}$	2.153518	
41	2.131201		1.869862	
42	1.845915		1.603394	
43	1.566143		1.351042	
44	1.278899		1.109777	
45	1.011643		0.877481	
46	0.751950		0.631988	
47	0.498265		0.431920	
48	0.248225		0.215438	
49	0		0	
7-8	7.025841	8.430000 9.915000	6.154747	7.365600 8.675000
D	0.846318			
32-35	6.162540		5.382297	
D	1.026345			

Tableau 18.

Admission ⅙. — Condensation.

#	F^{iv}	F = 6 atm. = 6k.198.	F''	F = 5 atm. = 5k.165.
1	0	UNE MANIVELLE.	0	UNE MANIVELLE.
2	0.970910		0.806349	
3	1.916833	T = 12.5234370486	1.391692	T = 10.3689975828
4	2.812314	P = 3.1313592621	2.333631	P = 2.5922493437
5	3.657488	P' = 1.9934892260	3.020965	P' = 1.6502771884
6	4.379442	E = 2.209224	3.629064	E = 1.834884
7	4.995314	B = 0.176379	4.148851	B = 0.176939
8	4.752064		3.944518	
9	3.992218	$PV^x = 44139.6 \times B \times \frac{n.N}{m} = 7785.30 \times \frac{n.N}{m}$	3.310302	$PV^x = 44139.6 \times B \times \frac{n.N}{m} = 7810.90 \times \frac{n.N}{m}$
10	3.586996		2.805293	
11	2.891436	DEUX MANIVELLES.	2.391921	DEUX MANIVELLES.
12	2.477133		2.046701	
13	2.125156	T = 25.9308740972	1.733745	T = 20.7379947686
14	1.892225	P = 6.2692186242	1.501960	P = 5.1844986914
15	1.558712	P' = 3.9869764320	1.283276	P' = 3.3003543768
16	1.527576	E = 1.115131	1.091623	E = 0.925080
17	1.122347	B = 0.044314	0.922235	B = 0.044608
18	0.939615		0.771251	
19	0.774715	$PV^x = 44139.5 \times B \times \frac{n.N}{m} = 1964.85 \times \frac{n.N}{m}$	0.636387	$PV^x = 44139.6 \times B \times \frac{n.N}{m} = 1968.98 \times \frac{n.N}{m}$
20	0.624552		0.511827	
21	0.486124	TROIS MANIVELLES.	0.398162	TROIS MANIVELLES.
22	0.356857		0.292130	
23	0.234270	T = 57.5765111458	0.191727	T = 31.1069921484
24	0.116040	P = 9.5940777865	0.094948	P = 7.7767480574
25	0	P' = 5.9804356780	0	P' = 4.9508315632
26	0.620123	E = 0.612341	-0.313017	E = 0.511001
27	1.258315	B = -0.016256	1.028432	B = 0.016427
28	1.851783		1.537922	
29	2.437237	$PV^x = 44139.6 \times B \times \frac{n.N}{m} = 719.30 \times \frac{n.N}{m}$	2.040756	$PV^x = 44139.6 \times B \times \frac{n.N}{m} = 723.08 \times \frac{n.N}{m}$
30	3.030026		2.533072	
31	3.623896		3.009677	
32	4.170725		3.463823	
33	4.498772		3.735755	
34	3.923638		3.253174	
35	3.448030		2.857708	
36	3.040616		2.517285	
37	2.690207		2.224622	
38	2.376112		1.962516	
39	2.091839		1.723589	
40	1.830883		1.508447	
41	1.588305		1.307155	
42	1.361132		1.118741	
43	1.145940		0.940840	
44	0.940635		0.771534	
45	0.745319		0.609138	
46	0.552046		0.462054	
47	0.363576		0.298235	
48	0.182054		-0.148969	
49			0	
7-8	5.245653	6.300000 7.400000	4.356360	5.215000 6.140000
D	0.845318			
32-33	4.602254		3.892214	
D	1.026345			

Tableau 19.

Admission $\frac{1}{6}$. — Condensation.

	F''	F = 8 atm. = 8k.294.	F'''	F = 7 atm. = 7k.931.
1	0	UNE MANIVELLE.	0	UNE MANIVELLE.
2	1.300052		1.135471	
3	2.566320	T = 14.9673298420	2.241369	T = 15.0443529013
4	3.763641	P = 3.7418807105	3.288978	P = 3.9612382003
5	4.870535	P' = 2.3821552462	4.234011	P' = 2.0761687207
6	5.831907	c = 0.533333	5.111199	E = 2.329113
7	6.388343	c' = 0.706345	5.579217	B = 0.178345
8	3.290453	c'' = 0.934322	4.647477	
9	4.446932	p = 4.446237	3.878617	$PV^2 = 44139.6 \times B \times \frac{n.N}{m} = 7880.90 \times \frac{n.N}{m}$
10	3.774846	p' = 4.427336	3.290054	
11	3.224438	p'' = 0.780430	2.808177	DEUX MANIVELLES.
12	2.764088	p''' = 0.594305	2.405587	
13	2.372760	o = 43°.54',6000	2.063352	T = 26.0899056026
14	2.033733	b = 8°.51',9492	1.768845	P = 6.5224764006
15	1.742540	o' = 55°.32',6497	1.512810	P' = 4.1925574414
16	1.484357	b' = 10°.17',8358	1.285077	E = 1.220192
17	1.250082	E = 2.065922	1.089185	B = 0.046769
18	1.051875	B = 0.178114	0.911335	
19	0.867617		0.751487	$PV^2 = 44139.6 \times B \times \frac{n.N}{m} = 2064.56 \times \frac{n.N}{m}$
20	0.693668	$PV^2 = 44139.6 \times B \times \frac{n.N}{m} = 7861.88 \times \frac{n.N}{m}$	0.603748	
21	0.544765		0.471464	TROIS MANIVELLES.
22	0.399995	DEUX MANIVELLES.	0.346072	
23	0.262632		0.227180	T = 59.1548584059
24	0.130101	T = 99.9550456840	0.112524	P = 9.7837146009
25	0	P = 7.4857614210	0	P' = 6.9283061021
26	0.830534	P' = 4.7645104924	0.723929	E = 0.716274
27	1.658085	E = 1.598264	1.448199	B = 0.018503
28	2.479506	U = 0.046710	2.165643	
29	3.290198		2.875718	$PV^2 = 44139.6 \times B \times \frac{n.N}{m} = 807.89 \times \frac{n.N}{m}$
30	4.083935	$PV^2 = 44139.6 \times B \times \frac{n.N}{m} = 2061.76 \times \frac{n.N}{m}$	3.566979	
31	4.852536		4.238116	
32	5.584350	TROIS MANIVELLES.	4.877628	
33	5.007458		4.571601	
34	4.569284	T = 44.9025685960	5.812251	
35	3.841578	P = 11.2156421515	3.549843	
36	3.589508	P' = 7.1464687386	2.933398	
37	3.000392	E = 0.818669	2.613606	
38	2.634838	B = 0.018252	2.307176	
39	2.336009		2.050801	
40	2.043856	$PV^2 = 44139.6 \times B \times \frac{n.N}{m} = 804.75 \times \frac{n.N}{m}$	1.777140	
41	1.776074		1.541616	
42	1.321797		1.529784	
43	1.283579		1.111761	
44	1.053399		0.912465	
45	0.832761		0.720959	
46	0.618677		0.633584	
47	0.409803		0.554319	
48	0.204110		0.176539	
49	0		0	
6 7	6.576741	7.900000 9.21500	3.744242	6.900000 8.075000
D	0.766345			
32 35	5.682732		4.963417	
	0.934322			

Tableau 20.

Admission ⅛ — Condensation.

	P''	F = 6 atm. = 6k.198.	P''	F = 5 atm. = 5k.165.
1	0	UNE MANIVELLE.	0''	UNE MANIVELLE.
2	0.979910		0.806349	
3	1.916355	T = 11.1223357185	1.591637	T = 9.1997490010
4	2.812514	P = 2.7803846796	2.333661	P = 2.2999372502
5	3.637488	P' = 1.7701731859	3.020963	P' = 1.4641853287
6	4.370412	E = 1.992089	3.629664	E = 1.633345
7	4.770091	B = 0.179026	3.960963	B = 0.179934
8	5.944321		5.271365	
9	5.510502	$PV^2 = 44139.6 \times B \times \frac{n.N}{m} = 7902.14 \times \frac{n.N}{m}$	2.741996	$PV^2 = 44139.6 \times B \times \frac{n.N}{m} = 7942.24 \times \frac{n.N}{m}$
10	2.803202		2.520580	
11	2.391921	DEUX MANIVELLES.	1.975653	DEUX MANIVELLES.
12	2.045701		1.688002	
13	1.753743	T = 22.2446774370	1.444237	T = 18.3994980020
14	1.501937	P = 3.5611693592	1.233069	P = 4.5098745004
15	1.285279	P' = 3.5405503718	1.033749	P' = 2.9283710574
16	1.091625	E = 1.040967	0.895136	E = 0.928459
17	0.922253	B = 0.046796	0.753302	B = 0.030461
18	0.771239		0.630915	
19	0.632537	$PV^2 = 44139.6 \times B \times \frac{n.N}{m} = 2065.36 \times \frac{n.N}{m}$	0.519127	$PV^2 = 44139.6 \times B \times \frac{n.N}{m} = 2197.32 \times \frac{n.N}{m}$
20	0.511827		0.417907	
21	0.398162	TROIS MANIVELLES.	0.324860	TROIS MANIVELLES.
22	0.292130		0.258227	
23	0.191727	T = 33.3670161355	0.156275	T = 27.5992470050
24	0.094948	P = 8.5417340588	0.077371	P = 6.8998117506
25	0	P' = 5.3106235377	0	P' = 4.5925565861
26	0.620123	E = 0.516138	0.315017	E = 0.510532
27	1.258515	B = 0.018466	1.028452	B = 0.018491
28	1.851785		1.537922	
29	2.457237	$PV^2 = 44139.6 \times B \times \frac{n.N}{m} = 815.08 \times \frac{n.N}{m}$	2.040736	$PV^2 = 44139.6 \times B \times \frac{n.N}{m} = 816.19 \times \frac{n.N}{m}$
30	3.050026		2.533072	
31	3.823896		3.009677	
32	4.170795		3.465825	
33	3.735784		3.099912	
34	5.235177		2.698124	
35	2.857708		2.565772	
36	2.517288		2.081178	
37	2.224619		1.836653	
38	1.962313		1.617851	
39	1.725395		1.420385	
40	1.508444		1.239748	
41	1.307158		1.072700	
42	1.118744		0.916748	
43	0.946843		0.789925	
44	0.771534		0.630596	
45	0.609158		0.497356	
46	0.452091		0.368798	
47	0.299253		0.243947	
48	0.148969		0.121398	
49	0		0	
6-7	4.911743	5.870000	6.9000000	4.079244	4.560000	5.090000
D	0.766345			
32-55	4.244081		3.584745	
D	0.934522			

Tableau 21.

Admission $\frac{1}{8}$. — Condensation.

No.	F''	F = 8 atm. = $8^{k}.264$.	F''	F = 7 atm. = $7^{k}.231$.
1	0		0	
2	1.300082		1.155471	
3	2.566320		2.941389	
4	3.763641		3.288978	
5	4.876535		4.234011	
6	5.851907		5.111139	
7	4.770087		4.163243	
8	3.944347		3.439793	
9	3.510302		2.884065	
10	2.805215		2.441596	
11	2.391925		2.079726	
12	2.046698		1.777695	
13	1.755745		1.321621	
14	1.501961		1.301794	
15	1.283273		1.111128	
16	1.091625		0.944286	
17	0.922233		0.797032	
18	0.771230		0.668900	
19	0.633537		0.548267	
20	0.511827		0.441387	
21	0.398162		0.343186	
22	0.292130		0.251708	
23	0.194727		0.163158	
24	0.094046		0.081764	
25	0		0	
26	0.830334		0.725929	
27	1.638085		1.448190	
28	2.479306		2.165645	
29	3.290198		2.873718	
30	4.083635		3.566979	
31	4.852336		4.238116	
32	4.357063		3.786094	
33	3.753783		3.258873	
34	3.283473		2.837376	
35	2.857708		2.488765	
36	2.517284		2.490195	
37	2.224619		1.955644	
38	1.962515		1.704923	
39	1.723589		1.496676	
40	1.508444		1.506937	
41	1.307158		1.131314	
42	1.118744		0.967294	
43	0.940859		0.812643	
44	0.771331		0.665844	
45	0.609162		0.523505	
46	0.432091		0.389436	
47	0.299233		0.257768	
48	0.148973		0.128265	
49	0		0	
6-7	3.871167	6.985000 8.115000	5.127981	6.100000 7.085000
D	0.637264			
31-32	4.976005		4.346129	
D	0.807002			

F = 8 atm. = $8^{k}.264$.

UNE MANIVELLE.

$T = 12.3110522780$
$P = 3.0777630695$
$P' = 1.9593648245$
$c = 0.25$
$c' = 0.657265$
$c'' = 0.807092$
$p = 4.458333$
$p' = 4.441667$
$p'' = 0.791667$
$p''' = 0.691667$
$o = 37°.39'.5067$
$h = 7°.48'.1965$
$o' = 46°.14'.2669$
$h' = 9°.14'.1268$
$E = 2.269994$
$B = 0.184387$

$$PV^2 = 44159.6 \times B \times \frac{n.N}{m} = 8138.77 \times \frac{n.N}{m}$$

DEUX MANIVELLES.

$T = 24.6221045560$
$P = 6.1355261390$
$P' = 3.9187295492$
$E = 4.245244$
$B = 0.050574$

$$PV^2 = 44159.6 \times B \times \frac{n.N}{m} = 2232.39 \times \frac{n.N}{m}$$

TROIS MANIVELLES.

$T = 36.9331568340$
$P = 9.2332892085$
$P' = 5.8780944758$
$E = 0.778539$
$B = 0.021074$

$$PV^2 = 44159.6 \times B \times \frac{n.N}{m} = 950.20 \times \frac{n.N}{m}$$

F = 7 atm. = $7^{k}.231$.

UNE MANIVELLE.

$T = 10.7203207949$
$P = 2.6891301387$
$P' = 1.7062258770$
$E = 1.984184$
$B = 0.185085$

$$PV^2 = 44159.6 \times B \times \frac{n.N}{m} = 8169.49 \times \frac{n.N}{m}$$

DEUX MANIVELLES.

$T = 21.4410415898$
$P = 5.3604603974$
$P' = 5.4194477540$
$E = 1.085600$
$B = 0.050632$

$$PV^2 = 44159.6 \times B \times \frac{n.N}{m} = 2254.88 \times \frac{n.N}{m}$$

TROIS MANIVELLES.

$T = 32.1613623847$
$P = 8.0403903062$
$P' = 5.1186716510$
$E = 0.676563$
$R = 0.021056$

$$PV^2 = 44159.6 \times B \times \frac{n.N}{m} = 928.32 \times \frac{n.N}{m}$$

Tableau 22.

Admission $\frac{1}{8}$. — Condensation.

N	F''	F = 6 atm. = 6k.498.	F''	F = 5 atm. = 5k.165.
1	0	UNE MANIVELLE.	0	UNE MANIVELLE.
2	0.970910		0.806349	
3	1.916553	T = 9.1299803118	1.591697	T = 7.5394576758
4	2.812514	P = 2.2824973279	2.535651	P = 1.8848644184
5	3.637488	P' = 1.4530829294	3.020965	P' = 1.1999419571
6	4.570412	E = 1.697136	3.629664	E = 1.409674
7	3.586399	B = 0.185886	2.940355	B = 0.186072
8	2.935077		2.430562	
9	2.457829	$PV^2 = 44139.6 \times B \times \frac{n.N}{m} = 8204.95 \times \frac{n.N}{m}$	2.031892	$PV^2 = 44139.6 \times B \times \frac{n.N}{m} = 8252.87 \times \frac{n.N}{m}$
10	2.077978		1.714360	
11	1.767528	DEUX MANIVELLES.	1.435331	DEUX MANIVELLES.
12	1.508671		1.239640	
13	1.289490	T = 18.2599786256	1.057358	T = 15.0789133476
14	1.101628	P = 4.5649946539	0.901461	P = 5.7697268369
15	0.938980	P' = 2.9061638588	0.766853	P' = 2.3998839142
16	0.796959	E = 0.925198	0.649592	E = 0.768720
17	0.671854	B = 0.050664	0.546657	B = 0.050980
18	0.560750		0.455510	
19	0.461169	$PV^2 = 44139.6 \times B \times \frac{n.N}{m} = 2236.29 \times \frac{n.N}{m}$	0.574070	$PV^2 = 44139.6 \times B \times \frac{n.N}{m} = 2250.23 \times \frac{n.N}{m}$
20	0.370047		0.300506	
21	0.288210	TROIS MANIVELLES.	0.253233	TROIS MANIVELLES.
22	0.211266		0.170824	
23	0.138549	T = 27.5899679554	0.111959	T = 22.6183730214
24	0.068582	P = 6.8474019838	0.055400	P = 5.6543032353
25	0	P' = 4.3592487822	0	P' = 3.5998258713
26	0.620123	E = 0.578715	0.515017	E = 0.493161
27	1.238315	R = 0.021129	1.028432	R = 0.021803
28	1.851785		1.537922	
29	2.437257	$PV^2 = 44139.6 \times B \times \frac{n.N}{m} = 932.65 \times \frac{n.N}{m}$	2.040756	$PV^2 = 44139.6 \times B \times \frac{n.N}{m} = 903.38 \times \frac{n.N}{m}$
30	3.060026		2.353072	
31	3.623896		3.009677	
32	3.235125		2.684156	
33	2.781988		2.505102	
34	2.419588		2.001799	
35	2.119811		1.730858	
36	1.863114		1.556035	
37	1.642692		1.331660	
38	1.443326		1.166988	
39	1.267771		1.038867	
40	1.105413		0.905889	
41	0.955471		0.779627	
42	0.813758		0.664262	
43	0.684436		0.566269	
44	0.560142		0.454439	
45	0.441452		0.357801	
46	0.327164		0.264693	
47	0.216304		0.174839	
48	0.107591		0.066046	
49	0		0	
6-7	4.584795	3.200000 6.050000	3.641610	4.505000 5.100000
D	0.687264			
31-32	3.716236		5.086382	
D	0.807002			

Tableau 23.

Admission $\frac{1}{10}$. — Condensation.

#	F'' (F = 8 atm. = $8^{k}{,}261$)	F'' (F = 7 atm. = $7^{k}{,}231$)
1	0	0
2	1.300032	1.133471
3	2.566905	2.241369
4	3.765641	3.288978
5	4.870635	4.254011
6	4.704649	4.107309
7	3.799133	3.513658
8	3.136967	2.753194
9	2.628345	2.287334
10	2.225429	1.953534
11	1.892414	1.642655
12	1.616276	1.401059
13	1.385536	1.196631
14	1.181698	1.021564
15	1.007850	0.870118
16	0.853578	0.738000
17	0.721950	0.621772
18	0.602843	0.518651
19	0.496001	0.425525
20	0.398296	0.342947
21	0.310260	0.266815
22	0.227442	0.193089
23	0.149184	0.127915
24	0.073856	0.062910
25	0	0
26	0.830534	0.725929
27	1.688083	1.449199
28	2.479306	2.163645
29	3.290198	2.873718
30	4.083933	3.566979
31	4.083571	3.867021
32	5.453509	3.014734
33	2.972746	2.591236
34	2.586706	2.252175
35	2.267385	1.972224
36	1.953930	1.732286
37	1.730042	1.526349
38	1.548925	1.342126
39	1.339536	1.178242
40	1.186016	1.024798
41	1.023802	0.885128
42	0.876330	0.735154
43	0.733734	0.633184
44	0.602416	0.517855
45	0.474996	0.407915
46	0.352446	0.301170
47	0.229890	0.199718
48	0.115884	0.099541
49	0	0
5-6	5.314149 6.303000 7.203000	4.667674 5.483000 6.390000
D	0.384347	
30-31	4.476273	3.909637
D	0.790689	

F = 8 atm. = $8^{k}{,}261$

UNE MANIVELLE.

$$T = 10.3058253066$$
$$P = 2.6239363267$$
$$P' = 1.6717357189$$
$$c = 0.2$$
$$c' = 0.584347$$
$$c'' = 0.720689$$
$$p = 4.466058$$
$$p' = 4.451351$$
$$p'' = 0.833062$$
$$p''' = 0.751551$$
$$o = 53°.20'.5854$$
$$b = 7°.9',6134$$
$$o' = 41°.17',5475$$
$$b' = 8°.29',9372$$
$$E = 2.013536$$
$$B = 0.191697$$
$$PV^e = 44159.6 \times B \times \frac{n.N}{m} = 8461.43 \times \frac{n.N}{m}$$

DEUX MANIVELLES.

$$T = 21.0076506132$$
$$P = 5.9349120833$$
$$P' = 3.5434714578$$
$$E = 1.139546$$
$$B = 0.054834$$
$$PV^e = 44159.6 \times B \times \frac{n.N}{m} = 2421.25 \times \frac{n.N}{m}$$

TROIS MANIVELLES.

$$T = 51.5114759198$$
$$P = 7.8778689759$$
$$P' = 5.0152071367$$
$$E = 0.699515$$
$$B = 0.022199$$
$$PV^e = 44159.6 \times B \times \frac{n.N}{m} = 979.85 \times \frac{n.N}{m}$$

F = 7 atm. = $7^{k}{,}231$

UNE MANIVELLE.

$$T = 9.1391972672$$
$$P = 2.2847995168$$
$$P' = 1.4545484210$$
$$E = 1.739295$$
$$B = 0.192500$$
$$PV^e = 44159.6 \times B \times \frac{n.N}{m} = 8496.87 \times \frac{n.N}{m}$$

DEUX MANIVELLES.

$$T = 18.2783945344$$
$$P = 4.5603986336$$
$$P' = 2.9090968420$$
$$E = 1.004468$$
$$B = 0.054937$$
$$PV^e = 44159.6 \times B \times \frac{n.N}{m} = 2424.90 \times \frac{n.N}{m}$$

TROIS MANIVELLES.

$$T = 27.4175918016$$
$$P = 6.8543973506$$
$$P' = 4.3636452630$$
$$E = 0.610141$$
$$B = 0.922234$$
$$PV^e = 44159.6 \times B \times \frac{n.N}{m} = 982.38 \times \frac{n.N}{m}$$

Tableau 24.

Admission $\frac{1}{14}$. — Condensation.

	F″	F = 6 atm. = 6ᵏ.198	F″	F = 3 atm. = 3ᵏ.165
1	0	UNE MANIVELLE.	0	UNE MANIVELLE.
2	0.970910		0.806349	
3	1.916533	T = 7.7745488972	1.591597	T = 6.4099408166
4	2.812314	P = 1.9438422245	2.333651	P = 1.6024852042
5	3.637488	P′ = 2.2373610704	3.020965	P′ = 1.0901737659
6	3.509968	E = 1.504605	2.912628	E = 1.250184
7	2.828183	B = 0.193462	2.342708	B = 0.193039
8	2.329421		1.925648	
9	1.946543	$PV^2 = 44159.6 \times B \times \frac{n.N}{m} = 8538.89 \times \frac{n.N}{m}$	1.605356	$PV^2 = 44159.6 \times B \times \frac{n.N}{m} = 8048.90 \times \frac{n.N}{m}$
10	1.641659		1.530744	
11	1.392896	DEUX MANIVELLES.	1.143138	DEUX MANIVELLES.
12	1.185842		0.970624	
13	1.010927	T = 13.5491377944	0.923222	T = 12.8198816332
14	0.861431	P = 5.8872844486	0.781297	P = 5.2049704065
15	0.752401	P′ = 2.4747221408	0.594685	p′ = 2.0405473518
16	0.620122	E = 0.860462	0.504244	E = 0.711107
17	0.521615	B = 0.053338	0.421457	B = 0.053469
18	0.434430		0.350268	
19	0.356615	$PV^2 = 44159.6 \times B \times \frac{n.N}{m} = 2442.60 \times \frac{n.N}{m}$	0.286968	$PV^2 = 44159.6 \times B \times \frac{n.N}{m} = 2448.38 \times \frac{n.N}{m}$
20	0.285798		0.229530	
21	0.222238	TROIS MANIVELLES.	0.178257	TROIS MANIVELLES.
22	0.162735		0.130382	
23	0.108641	T = 25.3257066916	0.085370	T = 19.2298234498
24	0.032764	P = 3.8309266729	0.042218	P = 4.8074336125
25	0	P² = 5.7198852113	0	P² = 3.0608212977 / 3.0605912977
26	0.620123	E = 0.524289	0.515017	E = 0.455459
27	1.258315	B = 0.022479	1.028452	B = 0.022644
28	1.631785		1.537922	
29	2.437237	$PV^2 = 44159.6 \times B \times \frac{n.N}{m} = 992.21 \times \frac{n.N}{m}$	2.040756	$PV^2 = 44159.6 \times B \times \frac{n.N}{m} = 999.30 \times \frac{n.N}{m}$
30	3.030026		2.533072	
31	3.048672		2.530393	
32	2.573939		2.153185	
33	2.209727		1.828217	
34	1.918244		1.584012	
35	1.677063		1.381902	
36	1.469920		1.208934	
37	1.295436		1.060664	
38	1.155328		0.928530	
39	0.993088		0.809964	
40	0.863579		0.702561	
41	0.744454		0.603780	
42	0.653936		0.512752	
43	0.550634		0.428084	
44	0.453293		0.348732	
45	0.340834		0.273755	
46	0.252193		0.202217	
47	0.166546		0.153374	
48	0.082799		0.066256	
49	0		0	
5-C	3.991200	4.693000 5.413000	3.314723	3.870000 4.485000
D	0.584547			
50-51	3.543040		2.776425	
D	0.720689			

Tableau 23.

Admission $\frac{1}{14}$. — Condensation.

No.	P''	F = 8 atm. = 8k.264.	F''	F = 7 atm. = 7k.231.
1	0	UNE MANIVELLE.	0	
2	1.500052		1.153471	T = 6.7369579520
3	2.566205	T = 7.7383091449	2.241369	P = 1.6842344850
4	3.763644	P = 1.9389773612	3.288978	P' = 1.0722160732
5	4.001790	P' = 1.2347732982	3.493860	E = 1.338996
6	3.111747	c = 0.133335	2.713549	B = 0.201725
7	2.304336	c' = 0.473780	2.180896	
8	2.060242	c'' = 0.587284	1.791060	$PV^2 = 44139.6 \times B \times \frac{n.N}{m} = 8903.97 \times \frac{n.N}{m}$
9	1.719019	p = 4.476820	1.491693	
10	1.447704	p' = 4.465760	1.233775	DEUX MANIVELLES.
11	1.226385	p'' = 0.889250	1.059890	
12	1.042558	p''' = 0.832449	0.898881	T = 13.4738758640
13	0.887124	o = 22°8'.7360	0.765320	P = 3.5684689660
14	0.754672	b = 5°.47'.5455	0.647917	P' = 2.1444559464
15	0.640892	o' = 33°.58'.9522	0.548780	E = 0.821276
16	0.541532	b' = 7°.4'.5595	0.452947	B = 0.060935
17	0.454837	E = 1.534625	0.388066	
18	0.378554	B = 0.200382	0.322206	$PV^2 = 44139.6 \times B \times \frac{n.N}{m} = 2690.44 \times \frac{n.N}{m}$
19	0.310194		0.265742	
20	0.248850	$PV^2 = 44139.6 \times B \times \frac{n.N}{m} = 8844.78 \times \frac{n.N}{m}$	0.211282	TROIS MANIVELLES.
21	0.192917		0.163597	
22	0.141166	DEUX MANIVELLES.	0.119597	T = 20.2108157900
23	0.092460		0.078279	P = 5.0527054490
24	0.045734	T = 13.5166188898	0.038703	P' = 3.2466509106
25	0	P = 3.9791347923	0	E = 0.313145
26	0.830534	P' = 2.4696443964	0.729929	B = 0.023454
27	1.658063	E = 0.941086	1.448199	
28	2.479306	B = 0.060650	2.165645	$PV^2 = 44139.6 \times B \times \frac{n.N}{m} = 1125.12 \times \frac{n.N}{m}$
29	3.290198		2.873718	
30	3.284336	$PV^2 = 44139.6 \times B \times \frac{n.N}{m} = 2677.07 \times \frac{n.N}{m}$	2.857595	
31	2.705109		2.557543	
32	2.280112	TROIS MANIVELLES.	1.982902	
33	1.955381		1.701044	
34	1.696426	T = 25.2749283347	1.479984	
35	1.480289	P = 3.8187320837	1.283515	
36	1.296179	P' = 3.7045198946	1.121735	
37	1.158259	E = 0.383060	0.983064	
38	0.997460	B = 0.025481	0.859894	
39	0.871006		0.748925	
40	0.756003	$PV^2 = 44139.6 \times B \times \frac{n.N}{m} = 1124.72 \times \frac{n.N}{m}$	0.648649	
41	0.650674		0.556891	
42	0.553161		0.472964	
43	0.462270		0.393803	
44	0.376916		0.320342	
45	0.296113		0.231393	
46	0.218873		0.183535	
47	0.144432		0.122347	
48	0.071770		0.060742	
49	0		0	
4 3	4.439953	3.130000 5.365000	5.895802	4.185000 3.160000
D	0.473780			
∞ 29-30	5.679097		5.213289	
D	0.387284			

Tableau 26.

Admission $\frac{1}{12}$. — Condensation.

	F''	F = 5 atm. = 6k.198.	F'''	F = 5 atm. = 5k.165.
1	0		0	
2	9.970910		0.806349	
3	1.946533		1.391697	
4	2.812314		2.335651	
5	2.985920		2.478060	
6	2.515191		1.917063	
7	1.837256		1.533585	
8	1.521877		1.252095	
9	1.264367		1.057041	
10	1.059845		0.863916	
11	0.893375		0.726870	
12	0.753403		0.611995	
13	0.639518		0.515715	
14	0.541161		0.431406	
15	0.456968		0.363156	
16	0.384365		0.303778	
17	0.321295		0.254324	
18	0.266078		0.209950	
19	0.217290		0.170858	
20	0.175714		0.136145	
21	0.134276		0.104955	
22	0.098028		0.076459	
23	0.064098		0.049917	
24	0.031675		0.024642	
25	0		0	
25	0		0	
26	0.620153		0.315017	
27	1.238315		1.098452	
28	1.851785		1.537922	
29	2.457257		2.040756	
30	2.450493		2.033462	
31	2.011976		1.666410	
32	1.692412		1.398561	
33	1.446703		1.192364	
34	1.249785		1.026962	
35	1.086741		0.889067	
36	0.947291		0.772848	
37	0.827869		0.672674	
38	0.721729		0.585864	
39	0.626842		0.504759	
40	0.541141		0.453662	
41	0.463108		0.389525	
42	0.391567		0.310770	
43	0.323336		0.257169	
44	0.264168		0.207795	
45	0.206672		0.161951	
46	0.152258		0.118921	
47	0.100205		0.078088	
48	0.049714		0.033686	
49	0		0	
4-5	3.330851	5.825000 4.330000	2.766500	3.465000 3.610000
D	0.473780			
29-30	2.747645		2.284916	
D	0.587284			

F = 5 atm. = 6k.198.

UNE MANIVELLE.

$$T = 5.7154510849$$
$$P = 1.4288627705$$
$$P' = 0.9096422917$$
$$E = 1.163060$$
$$B = 0.305494$$
$$PV^2 = 44139.6 \times B \times \frac{n.N}{m} = 8981.14 \times \frac{n.N}{m}$$

DEUX MANIVELLES.

$$T = 11.4309021638$$
$$P = 2.8577235410$$
$$P' = 1.8192945854$$
$$E = 0.698369$$
$$B = 0.061112$$
$$PV^2 = 44139.6 \times B \times \frac{n.N}{m} = 2687.46 \times \frac{n.N}{m}$$

TROIS MANIVELLES.

$$T = 17.1463352457$$
$$P = 4.2865883114$$
$$P' = 2.7289268751$$
$$P' = 2.7289268751$$
$$E = 0.439891$$
$$B = 0.025635$$
$$PV^3 = 44139.6 \times B \times \frac{n.N}{m} = 1132.40 \times \frac{n.N}{m}$$

F = 5 atm. = 5k.165.

UNE MANIVELLE.

$$T = 4.6940094072$$
$$P = 1.1735025318$$
$$P' = 0.7470748000$$
$$E = 0.967272$$
$$B = 0.206865$$
$$PV^2 = 44139.6 \times B \times \frac{n.N}{m} = 9095.63 \times \frac{n.N}{m}$$

DEUX MANIVELLES.

$$T = 9.5880188144$$
$$P = 2.3470047036$$
$$P' = 1.4941496000$$
$$E = 0.380005$$
$$B = 0.061791$$
$$PV^2 = 44139.6 \times B \times \frac{n.N}{m} = 2727.45 \times \frac{n.N}{m}$$

TROIS MANIVELLES.

$$T = 14.0820282216$$
$$P = 5.3205070334$$
$$P' = 2.2412244000$$
$$P' = 2.2412244000$$
$$E = 0.366397$$
$$B = 0.026205$$
$$PV^3 = 44139.6 \times B \times \frac{n.N}{m} = 1196.67 \times \frac{n.N}{m}$$

Tableau 27.

Admission $\frac{1}{14}$. — Condensation.

n	F''	$F = 8$ atm. $= 8^k.264$.	F''	$F = 7$ atm. $= 7^k.231$.
1	0	UNE MANIVELLE.	0	UNE MANIVELLE.
2	1.300402		1.135471	
3	2.366305	$T = 6.1909463454$	2.241369	$T = 5.3658280665$
4	2.763644	$P = 1.5477362863$	3.588978	$P = 1.3444570126$
5	2.982929	$P' = 0.9853197433$	2.604982	$P' = 0.8598980584$
6	2.343387	$c = 0.1$	2.016647	$E = 1.439007$
7	1.857234	$c' = 0.408814$	1.614496	$B = 0.210966$
8	1.521875	$c'' = 0.508223$	1.319989	
9	1.264367	$p = 1.193407$	1.003872	$PV^2 = 44139.6 \times B \times \frac{n.N}{m} = 9311.93 \times \frac{n.N}{m}$
10	1.039849	$p' = 1.473611$	0.914402	
11	0.903379	$p'' = 0.917533$	0.788500	DEUX MANIVELLES.
12	0.785407	$p''' = 0.873641$	0.647799	
13	0.589348	$o = 25°.25'.3985$	0.546666	$T = 10.7316561010$
14	0.544163	$b = 5°.4'.1071$	0.461097	$P = 2.6829140252$
15	0.459066	$o' = 29°.7'.1392$	0.388107	$P' = 1.7076964162$
16	0.384367	$b' = 6°.12'.4744$	0.325428	$E = 0.723687$
17	0.321299	$E = 1.591306$	0.274221	$B = 0.067621$
18	0.286076	$B = 0.209048$	0.223980	
19	0.217290		0.189451	$PV^2 = 44139.6 \times B \times \frac{n.N}{m} = 2984.76 \times \frac{n.N}{m}$
20	0.173714	$PV^2 = 44139.6 \times B \times \frac{n.N}{m} = 9987.30 \times \frac{n.N}{m}$	0.145538	
21	0.131276		0.112226	TROIS MANIVELLES.
22	0.098028	DEUX MANIVELLES.	0.084851	
23	0.064998		0.053462	$T = 16.0974841315$
24	0.031677	$T = 12.3819926908$	0.096403	$P = 4.0943710479$
25	0	$P = 3.0954437707$	0	$P' = 2.5649941743$
26	0.830334	$P' = 1.9706394368$	0.793229	$E = 0.453692$
27	1.658083	$E = 0.892390$	1.44819	$B = 0.028306$
28	2.473308	$B = 0.067998$	2.165645	
29	3.098308		2.705814	$PV^2 = 44139.6 \times B \times \frac{n.N}{m} = 1249.42 \times \frac{n.N}{m}$
30	2.430495	$PV^2 = 44139.6 \times B \times \frac{n.N}{m} = 2967.33 \times \frac{n.N}{m}$	2.137722	
31	2.014974		1.758600	
32	1.672410	TROIS MANIVELLES.	1.472022	
33	1.446708		1.255363	
34	1.249781	$T = 18.5728396302$	1.082665	
35	1.086741	$P = 4.6432097590$	0.939160	
36	0.947299	$P' = 2.9538591309$	0.816457	
37	0.827871	$E = 0.323637$	0.741475	
38	0.721731	$B = 0.028194$	0.618332	
39	0.626810		0.535278	
40	0.344143	$PV^2 = 44139.6 \times B \times \frac{n.N}{m} = 1244.46 \times \frac{n.N}{m}$	0.460534	
41	0.463106		0.392769	
42	0.391567		0.330003	
43	0.325534		0.274239	
44	0.264171		0.224890	
45	0.206672		0.173131	
46	0.159240		0.132232	
47	0.100902		0.083647	
48	0.049714		0.041443	
49	0		0	
4-5	3.906200	4.435000　　　5.000000	3.413491	3.875000　　　4.380000
D	0.408844			
28-29	3.195714		2.794193	
D	0.508243			

Tableau 28.

Admission $\frac{9}{20}$. — Condensation.

#	F″	F = 6 atm. = 6ᵏ.498.	F″	F = 5 atm. = 5ᵏ.163.
1	0	UNE MANIVELLE.	0	UNE MANIVELLE.
2	0.970940		0.806349	
3	1.916533	T = 4.5309908004	1.391697	T = 2.7143914857
4	2.812314	P = 1.1342774504	2.335851	P = 0.9286978665
5	2.234034	P′ = 0.7925490089	1.843096	P′ = 0.5911637623
6	1.747947	E = 0.909453	1.419278	E = 0.806314
7	1.374759	B = 0.213510	1.129021	B = 0.217078
8	1.418103		0.946216	
9	0.923378	$PV^2 = 44139.6 \times B \times \frac{n.N}{m} = 9426.56 \times \frac{n.N}{m}$	0.784683	$PV^2 = 44139.6 \times B \times \frac{n.N}{m} = 9581.74 \times \frac{n.N}{m}$
10	0.768955		0.623507	
11	0.643620	DEUX MANIVELLES.	0.518714	DEUX MANIVELLES.
12	0.540190		0.432584	
13	0.453818	T = 0.0798496008	0.360964	T = 7.4987925318
14	0.384030	P = 2.2690649002	0.300963	P = 1.8371957329
15	0.319248	P′ = 4.4480817148	0.250390	P′ = 1.1893672946
16	0.266489	E = 0.620503	0.207550	E = 0.514963
17	0.221142	B = 0.068539	0.171053	B = 0.069206
18	0.177885		0.139789	
19	0.147612	$PV^2 = 44139.6 \times B \times \frac{n.N}{m} = 3016.44 \times \frac{n.N}{m}$	0.112773	$PV^2 = 44139.6 \times B \times \frac{n.N}{m} = 3057.37 \times \frac{n.N}{m}$
20	0.117362		0.089486	
21	0.090285	TROIS MANIVELLES.	0.068305	TROIS MANIVELLES.
22	0.063675		0.049498	
23	0.049827	T = 13.6497294012	0.032191	T = 11.4431743877
24	0.021470	P = 5.4048393503	0.015836	P = 2.7857935994
25	0	P′ = 2.1676472577	0	P′ = 1.7734042809
26	0.620123	E = 0.302702	0.315017	E = 0.328844
27	1.238315	B = 0.028853	1.028432	B = 0.020511
28	1.851783		1.337922	
29	2.313310	$PV^2 = 44139.6 \times B \times \frac{n.N}{m} = 1272.69 \times \frac{n.N}{m}$	1.920825	$PV^2 = 44139.6 \times B \times \frac{n.N}{m} = 1302.60 \times \frac{n.N}{m}$
30	1.821048		1.512174	
31	1.483623		1.234451	
32	1.251635		1.031247	
33	1.065198		0.874443	
34	0.913550		0.748434	
35	0.791579		0.644000	
36	0.685694		0.554792	
37	0.595078		0.478554	
38	0.514833		0.414531	
39	0.443716		0.352154	
40	0.379925		0.299316	
41	0.329482		0.252095	
42	0.270371		0.209773	
43	0.222984		0.174709	
44	0.179609		0.137328	
45	0.139304		0.106059	
46	0.102264		0.077275	
47	0.067034		0.050445	
48	0.033171		0.024900	
49	0		0	
4-5	2.948782	3.285000 3.700000	2.424073	2.715000 3.065000
D	0.408814			
28-29	2.386572		1.982122	
D	0.508223			

Tableau 29.

Admission ½. — Échappement à l'air libre.

F = 8 atm. = 8ᵏ,964. (page 92)

	F^v	
1	0	UNE MANIVELLE.
2	1.135574	
3	2.241389	$T = 23.4394369246$
4	3.288077	$P = 5.8597842304$
5	4.254011	$P' = 3.7304515029$
6	5.414139	$c = 1.000000$
7	5.841977	$c' = 1.439455$
8	6.431930	$c'' = 1.682137$
9	6.871658	$p = 4.388889$
10	7.457854	$p' = 4.388889$
11	7.990983	$p'' = 0.111111$
12	7.976883	$p''' = 0.111111$
13	6.291879	$o = 83°.27',2382$
14	5.342232	$h = 12°.47',5850$
15	4.475786	$o' = 96°.22',7648$
16	3.756456	$h' = 12°.47',5850$
17	3.433596	$E = 3.756294$
18	2.380403	$B = \dfrac{E}{T} = 0.160257$
19	2.411475	
20	1.685440	$PV^2 = 44139.6 \times B \times \dfrac{n.N}{m} = 7073.68 \times \dfrac{n.N}{m}$
21	1.304444	
22	0.348894	DEUX MANIVELLES.
23	0.619089	
24	0.306195	$T = 46.8782733432$
25	0	$P = 44.7403684608$
26	0.725229	$P' = 7.5609000058$
27	1.448199	$E = 1.695358$
28	2.163641	$B = \dfrac{E}{T} = 0.034672$
29	2.873717	
30	3.566979	$PV^2 = 44139.6 \times B \times \dfrac{n.N}{m} = 1530.44 \times \dfrac{n.N}{m}$
31	4.238116	
32	4.877627	TROIS MANIVELLES.
33	5.473846	
34	6.042949	$T = 70.3174407648$
35	6.479383	$P = 17.5793526042$
36	6.830583	$P' = 11.4943635087$
37	7.127700	$E = 1.438847$
38	7.444847	$B = \dfrac{E}{T} = 0.016453$
39	6.462776	
40	5.307670	$PV^2 = 44139.6 \times B \times \dfrac{n.N}{m} = 712.99 \times \dfrac{n.N}{m}$
41	4.334505	
42	3.822448	
43	3.170705	
44	2.567599	
45	2.005062	
46	1.474699	
47	0.969548	
48	0.480681	
49	0	
12-13	7.202969	(7-6) 9.046000 (5-6) 13.225000
D	1.439425	0.836000 0.634939
37-38	7.263262	
D	1.682437	

F = 7 atm. = 7ᵏ,231. (page 93)

	F^v	
1	0	UNE MANIVELLE.
2	0.970910	
3	1.916533	$T = 19.9410950130$
4	2.812314	$P = 4.9852757833$
5	3.637487	$P' = 3.4737938419$
6	4.370444	$E = 3.251463$
7	4.905343	$B = \dfrac{E}{T} = 0.463063$
8	5.498706	
9	5.875794	$PV^2 = 44139.6 \times B \times \dfrac{n.N}{m} = 7497.09 \times \dfrac{n.N}{m}$
10	6.120054	
11	6.293720	DEUX MANIVELLES.
12	6.292362	
13	5.363357	$T = 39.8821900980$
14	4.541568	$P = 9.9705475065$
15	3.787191	$P' = 6.3474476838$
16	3.167076	$E = 1.390504$
17	2.642817	$B = \dfrac{E}{T} = 0.034861$
18	2.169441	
19	1.763085	$PV^2 = 44139.6 \times B \times \dfrac{n.N}{m} = 1538.75 \times \dfrac{n.N}{m}$
20	1.403679	TROIS MANIVELLES.
21	1.081206	$T = 39.8289550890$
22	0.787127	$P = 44.9558242398$
23	0.513632	$P' = 9.5241745257$
24	0.933489	$E = 0.977043$
25	0	$R = \dfrac{E}{T} = 0.046232$; $B = \dfrac{E}{T} = 0.016342$
26	0.090424	
27	1.938345	$PV^2 = 44139.6 \times B \times \dfrac{n.N}{m} = 720.89 \times \dfrac{n.N}{m}$
28	1.854783	
29	2.457277	
30	3.050025	
31	3.023896	
32	4.170725	
33	4.680535	
34	5.144507	
35	5.340370	
36	5.869875	
37	6.094700	
38	6.077830	
39	5.247151	
40	4.501593	
41	3.828431	
42	3.246469	
43	2.657950	
44	2.144796	
45	1.609657	
46	1.224890	
47	0.903689	
48	0.397999	
49	0	
12-13	6.210365	7.630000 11.300000
37-38	6.210515	

Tableau 30.

Admission $\frac{1}{2}$. — Échappement à l'air libre.

№	F″ (F = 6 atm. = 6k.198.)	F″ (F = 5 atm. = 5k.463.)
1	0	0
2	0.806349	0.644788
3	1.591697	1.266861
4	2.333650	1.858987
5	3.090064	2.404541
6	3.629664	2.888946
7	4.118650	3.301987
8	4.567502	3.633439
9	4.879804	3.883998
10	5.082757	4.045450
11	5.177157	4.120595
12	5.167541	4.113020
13	4.434834	3.506312
14	3.740004	2.940240
15	3.098603	2.440011
16	2.577605	1.988315
17	2.432037	1.631257
18	1.748179	1.327217
19	1.444695	1.066346
20	1.124917	0.840456
21	0.861301	0.641396
22	0.625359	0.463591
23	0.407274	0.300916
24	0.200742	0.148016
25	0	0
26	0.515018	0.409012
27	1.098431	0.818548
28	1.537021	1.224060
29	2.040736	1.624275
30	2.533072	2.016118
31	3.009676	2.395457
32	3.463822	2.756920
33	3.887294	3.093913
34	4.270063	3.398662
35	4.601308	3.662285
36	4.869168	3.875460
37	5.064700	4.028700
38	5.093842	4.009855
39	4.831527	3.415903
40	3.685486	2.889408
41	3.424757	2.421383
42	2.610491	2.004512
43	2.145196	1.632449
44	1.721994	1.299194
45	1.334253	0.998848
46	0.974941	0.795062
47	0.837831	0.471972
48	0.315231	0.232545
49	0	0
42-45	5.137761 6.290000 9.330000	4.105157 4.945000 7.445000
D	4.459455	
37-38	5.457968	4.405322
D	4.082137	

F = 6 atm. = 6k.198.

UNE MANIVELLE.
$$T = 16.4430322780$$
$$P = 4.4107630695$$
$$P' = 2.6168930495$$
$$E = 2.095847$$
$$B = \frac{E}{T} = 0.163051$$
$$PV^2 = 44139.6 \times B \times \frac{n.N}{m} = 7296.73 \times \frac{n.N}{m}$$

DEUX MANIVELLES.
$$T = 32.8861645360$$
$$P = 8.2243561390$$
$$P' = 5.5238960990$$
$$E = 1.146769$$
$$B = \frac{E}{T} = 0.034871$$
$$PV^2 = 44139.6 \times B \times \frac{n.N}{m} = 1539.19 \times \frac{n.N}{m}$$

TROIS MANIVELLES.
$$T = 49.3291368340$$
$$P = 12.3922802085$$
$$P' = 7.8300791485$$
$$E = 0.820655$$
$$B = \frac{E}{T} = 0.016635$$
$$PV^2 = 44139.6 \times B \times \frac{n.N}{m} = 735.31 \times \frac{n.N}{m}$$

F = 5 atm. = 5k.463.

UNE MANIVELLE.
$$T = 12.9450105760$$
$$P = 3.2362326440$$
$$P' = 2.0602624215$$
$$E = 2.135487$$
$$B = \frac{E}{T} = 0.165488$$
$$PV^2 = 44139.6 \times B \times \frac{n.N}{m} = 7348.71 \times \frac{n.N}{m}$$

DEUX MANIVELLES.
$$T = 25.8900211520$$
$$P = 6.4725052880$$
$$P' = 4.1205248430$$
$$E = 0.906880$$
$$B = \frac{E}{T} = 0.035027$$
$$PV^2 = 44139.6 \times B \times \frac{n.N}{m} = 1346.08 \times \frac{n.N}{m}$$

TROIS MANIVELLES.
$$T = 38.8350317280$$
$$P = 9.7087579320$$
$$P' = 6.4807872645$$
$$E = 0.660367$$
$$B = \frac{E}{T} = 0.017010$$
$$PV^2 = 44139.6 \times B \times \frac{n.N}{m} = 730.84 \times \frac{n.N}{m}$$

Tableau 31.

Admission $\frac{1}{3}$. — Échappement à l'air libre.

N°	F'	F = 3 atm. = 8k.264.	F''	F = 7 atm. = 7k.234.
1	0	UNE MANIVELLE.	0	UNE MANIVELLE.
2	4.135471		0.970940	
3	2.244369	T = 18.5879987510	4.916583	T = 15.6960018241
4	3.288977	P = 4.6460990873	2.842344	P = 3.9240004553
5	4.254011	P' = 2.9583718834	3.637487	P' = 2.4980962767
6	5.411429	c = 0.666667	4.370411	E = 2.823628
7	5.841977	c' = 4.131517	4.995343	B = 0.179895
8	6.431930	c'' = 1.342135	5.499766	
9	6.874688	p = 4.408046	5.873791	$PV^2 = 44139.6 \times B \times \frac{n.N}{m} = 7940.49 \times \frac{n.N}{m}$
10	6.816142	p' = 4.393441	5.646496	
11	5.497987	p'' = 0.423987	4.685464	DEUX MANIVELLES.
12	4.579047	p''' = 0.226674	3.861630	
13	3.845819	o = 64°.49',8701	3.196804	T = 31.3920936422
14	3.177136	b = 11°.36',4583	2.643339	P = 7.8480009106
15	2.639333	o' = 76°.53',9198	2.150173	P' = 4.9961925534
16	2.184792	b' = 12°.29',9656	1.794869	E = 1.290335
17	1.798200	E = 3.304895	1.464345	B = 0.041404
18	1.467529	B = 0.177629	1.186889	
19	1.182136		0.950476	$PV^2 = 44139.6 \times B \times \frac{n.N}{m} = 1814.31 \times \frac{n.N}{m}$
20	0.984077	$PV^2 = 44139.6 \times B \times \frac{n.N}{m} = 7840.61 \times \frac{n.N}{m}$	0.746936	
21	0.714608		0.568095	TROIS MANIVELLES.
22	0.517314	DEUX MANIVELLES.	0.409668	
23	0.336309		0.265464	T = 47.0880054653
24			0.120435	P = 44.7390012593
25	0	P = 9.2939083755	0	P' = 7.4942888301
26	0.725229	P' = 5.9167437668	0.620124	E = 0.904299
27	1.418199	E = 4.492268	1.338345	B = 0.019904
28	2.165644	B = 0.036874	1.851783	
29	2.873747		2.457237	$PV^2 = 44139.6 \times B \times \frac{n.N}{m} = 847.66 \times \frac{n.N}{m}$
30	3.566979	$PV^2 = 44139.6 \times B \times \frac{n.N}{m} = 1759.89 \times \frac{n.N}{m}$	3.050085	
31	4.238116		3.623896	
32	4.877627	TROIS MANIVELLES.	4.170725	
33	5.473846		4.680375	
34	6.012930	T = 55.7689061590	5.141307	
35	6.479393	P = 13.9400990633	5.540350	
36	5.884671	P' = 8.8750136502	5.012452	
37	5.074493	E = 1.053439	4.295319	
38	4.355526	B = 0.048891	3.665199	
39	3.721103		3.110687	
40	3.158112	$PV^2 = 44139.6 \times B \times \frac{n.N}{m} = 833.81 \times \frac{n.N}{m}$	2.620790	
41	2.655833		2.186918	
42	2.205505		1.802519	
43	1.803362		1.464316	
44	1.440133		1.138265	
45	1.110649		0.887046	
46	0.808364		0.640777	
47	0.527239		0.416686	
48	0.260445		0.204973	
49	0		0	
9-10	7.073386	(9-10) 7.975000 (3-4) 10.215000	6.048240	6.750000 8.695000
D	1.431547	0.294227		
35-36	6.581006		5.629802	
D	1.342135			

Tableau 32.

Admission $\frac{1}{8}$ — Échappement à l'air libre.

#	P'' ($F = 6$ atm. $= 6^k.198$)	P'' ($F = 5$ atm. $= 5^k.465$)
1	0	0
2	0.806348	0.644788
3	1.591697	1.266864
4	2.335650	1.858967
5	3.020964	2.401411
6	3.629664	2.838946
7	4.148650	3.301987
8	4.567602	3.633439
9	4.879894	3.883998
10	4.676850	3.707204
11	3.832936	3.000409
12	3.144242	2.426855
13	2.577770	1.958775
14	2.109583	1.575806
15	1.724413	1.262353
16	1.388957	1.006025
17	1.130490	0.796634
18	0.909949	0.625608
19	0.747916	0.486657
20	0.558393	0.370855
21	0.424491	0.274888
22	0.301823	0.193978
23	0.194559	0.123054
24	0.093302	0.060449
25	0	0
26	0.515018	0.409912
27	1.028534	0.818348
28	1.537994	1.224360
29	2.040756	1.624275
30	2.533072	2.016448
31	3.009676	2.395457
32	3.463822	2.756920
33	3.887224	3.093913
34	4.270065	3.398623
35	4.601308	3.662265
36	4.140233	3.268015
37	3.510545	2.743571
38	2.975873	2.286547
39	2.500272	1.889857
40	2.083328	1.545935
41	1.718003	1.249058
42	1.398534	0.994548
43	1.119681	0.777848
44	0.876384	0.594595
45	0.653143	0.438810
46	0.473490	0.308604
47	0.306114	0.195542
48	0.149832	0.094694
49	0	0
9-10	5.023445 5.520000 7.130000	3.997989 4.342000 5.620000
D	1.431517	
35-36	4.675390	3.721393
D	1.342135	

$F = 6$ atm. $= 6^k.198$

UNE MANIVELLE.

$T = 42.9041309132$
$P = 3.9040327283$
$P' = 2.0378407268$
$E = 2.355354$
$B = \dfrac{E}{T} = 0.183052$

$$PV^2 = 44139.6 \times B \times \frac{n.N}{m} = 8149.57 \times \frac{n.N}{m}$$

DEUX MANIVELLES.

$T = 25.6082618264$
$P = 6.4090654560$
$P' = 4.0756814536$
$E = 1.079445$
$B = \dfrac{E}{T} = 0.042152$

$$PV^2 = 44139.6 \times B \times \frac{n.N}{m} = 1860.57 \times \frac{n.N}{m}$$

TROIS MANIVELLES.

$T = 38.4121027396$
$P = 9.6030981849$
$P' = 6.4135221804$
$E = 0.764383$
$B = \dfrac{E}{T} = 0.019900$

$$PV^2 = 44139.6 \times B \times \frac{n.N}{m} = 878.38 \times \frac{n.N}{m}$$

$F = 5$ atm. $= 5^k.465$

UNE MANIVELLE.

$T = 9.9122851878$
$P = 2.1780712970$
$P' = 1.5773891850$
$E = 1.809494$
$B = \dfrac{E}{T} = 0.191640$

$$PV^2 = 44139.6 \times B \times \frac{n.N}{m} = 8433.47 \times \frac{n.N}{m}$$

DEUX MANIVELLES.

$T = 10.8245703756$
$P = 4.9664423939$
$P' = 3.1551783700$
$E = 0.875599$
$B = \dfrac{E}{T} = 0.041369$

$$PV^2 = 44139.6 \times B \times \frac{n.N}{m} = 1958.43 \times \frac{n.N}{m}$$

TROIS MANIVELLES.

$T = 29.7308535684$
$P = 7.4392138809$
$P' = 4.7827575590$
$E = 0.625841$
$B = \dfrac{E}{T} = 0.021046$

$$PV^2 = 44139.6 \times B \times \frac{n.N}{m} = 928.96 \times \frac{n.N}{m}$$

Tableau 33.

Admission $\frac{1}{4}$. — La vapeur s'échappant à l'air libre.

	F'' — F = 8 atm. = $8^k.264$	F'' — F = 7 atm. = $7^k.231$
1	0	0
2	1.183471	0.970910
3	2.244369	1.916533
4	3.288977	2.812944
5	4.254011	3.637487
6	5.444159	4.370411
7	5.854977	4.985313
8	6.431930	5.499766
9	5.721207	4.871324
10	4.676837	3.949604
11	3.832993	3.198530
12	3.444230	2.606491
13	2.577790	2.413528
14	2.109576	1.708214
15	1.721449	1.377124
16	1.398935	1.104245
17	1.430477	0.880087
18	0.306255	0.695774
19	0.747916	0.548793
20	0.568395	0.417315
21	0.424491	0.344559
22	0.301823	0.220983
23	0.194559	0.144380
24	0.080890	0.008929
25	0	0
26	0.723229	0.680124
27	1.448199	1.298345
28	2.465544	1.854733
29	2.873747	2.457237
30	3.566979	3.050023
31	4.238115	3.623896
32	4.877627	4.470725
33	5.473846	4.680535
34	5.726036	4.890476
35	4.870276	4.132375
36	4.140239	3.486075
37	3.549538	2.937599
38	2.975867	2.458873
39	2.500278	2.042466
40	2.083281	1.680278
41	1.718009	1.396322
42	1.398534	1.095545
43	1.449687	0.855410
44	0.876388	0.664987
45	0.663443	0.493731
46	0.475184	0.350445
47	0.306114	0.223185
48	0.449832	0.108476
49	0	0
8-9	6.589331 7.500000 8.000000	5.634355 6.235000 7.235000
D	0.958192	
33-34	5.912842	5.055883
D	4.153450	

F = 8 atm. = $8^k.264$

UNE MANIVELLE.

$$T = 15.1751360952$$
$$P = 3.7937840238$$
$$P' = 2.4151979217$$
$$c = 0.5$$
$$c' = 0.938492$$
$$c'' = 1.452150$$
$$p = 4.425000$$
$$p' = 4.406250$$
$$p'' = 0.575000$$
$$p''' = 0.406250$$
$$o = 54°.54',0222$$
$$b = 40°.28',5256$$
$$o' = 66°.\ 4',8313$$
$$b' = 41°.42',9427$$
$$E = 2.927919$$
$$B = 0.192941$$
$$PV^2 = 44139.6 \times B \times \frac{n.N}{m} = 8346.34 \times \frac{n.N}{m}$$

DEUX MANIVELLES.

$$T = 30.3502791904$$
$$P = 7.5875680476$$
$$P' = 4.8903958434$$
$$E = 1.398916$$
$$B = 0.046032$$
$$PV^2 = 44139.6 \times B \times \frac{n.N}{m} = 2034.18 \times \frac{n.N}{m}$$

TROIS MANIVELLES.

$$T = 45.5254082856$$
$$P = 11.3813690711$$
$$P' = 7.2455937851$$
$$E = 0.897968$$
$$B = 0.019724$$
$$PV^2 = 44139.6 \times B \times \frac{n.N}{m} = 870.61 \times \frac{n.N}{m}$$

F = 7 atm. = $7^k.231$

UNE MANIVELLE.

$$T = 12.7100042889$$
$$P = 3.4775235725$$
$$P' = 2.0298743335$$
$$E = 2.313689$$
$$B = 0.197774$$
$$PV^2 = 44139.6 \times B \times \frac{n.N}{m} = 8729.53 \times \frac{n.N}{m}$$

DEUX MANIVELLES.

$$T = 25.4201885798$$
$$P = 6.3530471440$$
$$P' = 4.0457486670$$
$$E = 1.203242$$
$$B = 0.047334$$
$$PV^2 = 44139.6 \times B \times \frac{n.N}{m} = 2089.30 \times \frac{n.N}{m}$$

TROIS MANIVELLES.

$$T = 38.1302828697$$
$$P = 9.5325707174$$
$$P' = 6.0686230005$$
$$P' = 6.0686230005$$
$$E = 0.783480$$
$$B = 0.020547$$
$$PV^2 = 44139.6 \times B \times \frac{n.N}{m} = 906.94 \times \frac{n.N}{m}$$

Tableau 24.

Admission 1/4. — La vapeur s'échappant à l'air libre.

#	F'' (F = 6 atm. = 6k.493)	F'' (V = 5 atm. = 5k.165)
1	0	0
2	0.806359	0.644788
3	1.591697	1.906861
4	2.335670	1.838987
5	3.030964	2.404444
6	3.699964	2.888916
7	4.148530	3.304987
8	4.567602	3.635439
9	4.019352	3.168879
10	3.222374	2.403128
11	2.581437	1.959745
12	2.098134	1.530112
13	1.649267	1.485006
14	1.308913	0.908584
15	1.049823	0.688532
16	0.809535	0.544865
17	0.620667	0.379908
18	0.482292	0.274812
19	0.369527	0.195332
20	0.276631	0.185754
21	0.201586	0.091634
22	0.140065	0.059172
23	0.089201	0.035092
24	0.042563	0.016900
25	0	0
26	0.515018	0.400912
27	1.098134	0.848348
28	1.537021	1.221060
29	2.040756	1.624275
30	2.333072	2.016148
31	3.009676	2.395457
32	3.463892	2.786920
33	3.867224	3.090943
34	4.054396	3.219315
35	3.304470	2.636567
36	2.834910	2.477745
37	2.353579	1.773699
38	1.938380	1.494886
39	1.384654	1.196892
40	1.277234	0.874191
41	1.014635	0.622919
42	0.792535	0.480566
43	0.606333	0.320326
44	0.453385	0.242184
45	0.328038	0.160336
46	0.225306	0.100386
47	0.140255	0.087326
48	0.067120	0.027764
49	0	0
8-9	4.679380 5.080000 5.890000	3.724404 3.939000 4.530000
D	0.958192	
33-34	4.199853	3.342024
D	1.152450	

F = 6 atm. = 6k.493

UNE MANIVELLE.

$$T = 40.2450524780$$
$$P = 2.5519530695$$
$$P' = 1.6705507121$$
$$E = 2.107533$$
$$B = 0.905714$$

$$PV^2 = 44130.6 \times B \times \frac{n.N}{m} = 9080.13 \times \frac{n.N}{m}$$

DEUX MANIVELLES.

$$T = 20.4901045586$$
$$P = 3.1225364300$$
$$P' = 3.2611014246$$
$$E = 1.008063$$
$$B = 0.049144$$

$$PV^2 = 44130.6 \times B \times \frac{n.N}{m} = 2169.90 \times \frac{n.N}{m}$$

TROIS MANIVELLES.

$$T = 30.7351068340$$
$$P = 7.8857802085$$
$$P''' = 1.8010381303$$
$$P' = 4.8910381303$$
$$E = 0.605406$$
$$B = 0.021685$$

$$PV^2 = 44130.6 \times B \times \frac{n.N}{m} = 957.17 \times \frac{n.N}{m}$$

V = 5 atm. = 5k.165

UNE MANIVELLE.

$$T = 7.7901100996$$
$$P = 1.2130625149$$
$$P' = 1.2682270353$$
$$E = 1.884678$$
$$B = 0.946339$$

$$PV^2 = 44130.6 \times B \times \frac{n.N}{m} = 9557.94 \times \frac{n.N}{m}$$

DEUX MANIVELLES.

$$T = 15.5600801490$$
$$P = 3.8906050838$$
$$P' = 2.4764311165$$
$$E = 0.808000$$
$$B = 0.054928$$

$$PV^2 = 44130.6 \times B \times \frac{n.N}{m} = 2222.08 \times \frac{n.N}{m}$$

TROIS MANIVELLES.

$$T = 23.3400301785$$
$$P = 5.8830071847$$
$$P''' = 2.7114681740$$
$$P' = 3.7146811740$$
$$E = 0.543535$$
$$B = 0.023504$$

$$PV^2 = 44130.6 \times \times B \frac{n.N}{m} = 1037.14 \times \frac{n.N}{m}$$

Tableau 22.

Admission $\frac{1}{5}$. — Échappement à l'air libre.

#	F"	$F = 8$ atm. $= 8^k.264$	F"	$F = 7$ atm. $= 7^k.231$
1	0		0	
2	4.125471		0.970940	
3	2.241369		1.916533	
4	3.988077		2.812344	
5	5.254011		3.637487	
6	5.111159		4.370441	
7	5.841977		4.995313	
8	5.434994		4.627447	
9	4.360858		3.678290	
10	3.513274		2.931487	
11	2.823904		2.334389	
12	2.283377		1.852945	
13	1.834972		1.463563	
14	1.469050		1.148784	
15	1.170541		0.895405	
16	0.927441		0.694687	
17	0.729863		0.529550	
18	0.569480		0.404096	
19	0.439205		0.299849	
20	0.332986		0.220282	
21	0.245567		0.157695	
22	0.172400		0.106702	
23	0.100473		0.066930	
24	0.053118		0.032027	
25	0		0	
26	0.793229		0.690124	
27	1.448199		1.238315	
28	2.165644		1.851783	
29	2.873717		2.457237	
30	3.866979		3.050025	
31	4.298416		3.623896	
32	4.877627		4.470725	
33	5.231405		4.468478	
34	4.389123		3.720659	
35	3.689631		3.099300	
36	3.063571		2.570240	
37	2.388376		2.132791	
38	2.148582		1.735086	
39	1.767774		1.401525	
40	1.438457		1.116024	
41	1.155305		0.873856	
42	0.913754		0.674380	
43	0.709479		0.504378	
44	0.538151		0.369029	
45	0.385119		0.266957	
46	0.273286		0.175334	
47	0.173427		0.107084	
48	0.063662		0.053677	
49	0		0	
7-8	6.134747	6.760000 7.840000	3.245853	5.680000 6.600000
0	0.846318			
32-33	5.382297		4.602254	
D	1.026345			

Colonne $F = 8$ atm. $= 8^k.264$

UNE MANIVELLE.

$$T = 12.7063458445$$
$$P = 3.4765780611$$
$$P' = 2.0222729731$$
$$c = 0.4$$
$$c' = 0.846318$$
$$c'' = 1.026345$$
$$p = 4.437255$$
$$p' = 4.417949$$
$$p'' = 0.562745$$
$$p''' = 0.517949$$
$$o = 48°.29',4264$$
$$b = 9°.54',7417$$
$$o' = 58°.48',3431$$
$$b' = 10°.57',4939$$
$$E = 2.622679$$
$$B = 0.206407$$

$$PV^2 = 44139.6 \times B \times \frac{n.N}{m} = 9110.72 \times \frac{n.N}{m}$$

DEUX MANIVELLES.

$$T = 25.4126316830$$
$$P = 6.3531579222$$
$$P' = 4.0445459509$$
$$E = 1.319502$$
$$B = 0.051923$$

$$PV^2 = 44139.6 \times B \times \frac{n.N}{m} = 2294.86 \times \frac{n.N}{m}$$

TROIS MANIVELLES.

$$T = 38.1189473255$$
$$P = 9.3297308864$$
$$P' = 6.0668189853$$
$$E = 0.801336$$
$$B = 0.021092$$

$$PV^2 = 44139.6 \times B \times \frac{n.N}{m} = 927.90 \times \frac{n.N}{m}$$

Colonne $F = 7$ atm. $= 7^k.231$

UNE MANIVELLE.

$$T = 10.5498763598$$
$$P = 2.6374692149$$
$$P' = 1.5790050513$$
$$E = 2.255778$$
$$B = 0.213820$$

$$PV^2 = 44139.6 \times B \times \frac{n.N}{m} = 9438. \frac{n.N}{m}$$

DEUX MANIVELLES.

$$T = 21.0097537196$$
$$P = 5.2748381298$$
$$P' = 3.3581304625$$
$$E = 1.132811$$
$$B = 0.053688$$

$$PV^2 = 44139.6 \times B \times \frac{n.N}{m} = 2369.77 \times \frac{n.N}{m}$$

TROIS MANIVELLES.

$$T = 31.6496305794$$
$$P = 7.9124076448$$
$$P' = 5.0371984599$$
$$E = 0.691983$$
$$B = 0.024959$$

$$PV^2 = 44139.6 \times B \times \frac{n.N}{m} = 969.26 \times \frac{n.N}{m}$$

Tableau 36.

Admission $\frac{1}{2}$. — Échappement à l'air libre.

No.	F' ($F = 6$ atm. $= 6^k.408$)	Annotation ($F = 6$ atm.)	F' ($F = 5$ atm. $= 5^k.185$)	Annotation ($F = 5$ atm.)
1	0		0	
2	0.806349	UNE MANIVELLE.	0.644788	UNE MANIVELLE.
3	1.591697	T = 8.38543671808	1.206861	T = 6.2369074028
4	2.335650	P = 2.69853917952	1.858967	P = 1.3592493507
5	3.020964	P' = 1.33585698560	2.404444	P' = 0.9926489667
6	3.629664	E = 0.802148	2.888916	E = 1.486613
7	4.148650	B = 0.223432	3.301987	B = 0 238354
8	3.819900		3.042354	
9	2.996522	$PV^3 = 44139.6 \times B \times \frac{n.N}{m} = 9980.48 \times \frac{n.N}{m}$	2.314406	$PV^3 = 44139.6 \times B \times \frac{n.N}{m} = 10520.85 \times \frac{n.N}{m}$
10	2.349699		1.767911	
11	1.854873	DEUX MANIVELLES.	1.373358	DEUX MANIVELLES.
12	1.422312		0.992080	
13	1.092136	T = 16.78687343616	0.720745	T = 12.4730948036
14	0.828518	P = 4.19671835904	0.508252	P = 3.1184987014
15	0.619660	P' = 2.67171130120	0.344233	P' = 1.9832979534
16	0.435954	E = 0.947638	0.220181	E = 0.764421
17	0.329237	B = 0.036431	0.128024	B = 0.061281
18	0.232712		0.054328	
19	0.160493	$PV^3 = 44139.6 \times B \times \frac{n.N}{m} = 2491.72 \times \frac{n.N}{m}$	0.021157	$PV^3 = 44139.6 \times B \times \frac{n.N}{m} = 2704.92 \times \frac{n.N}{m}$
20	0.107578		— 0.005127	
21	0.068643	TROIS MANIVELLES.	— 0.013319	TROIS MANIVELLES.
22	0.042995		— 0.021712	
23	0.024386	T = 25.18031015424	— 0.018137	T = 18.7100922984
24	0.010335	P = 6.295077335	— 0.010137	P = 4.6777480321
25	0.213910	P' = 6.007906086	0	P'' = 2.9777468001
26	0.315018	E² = 0.607297	0.409912	P' = 2.9779468001
27	1.028431	B = 0.024415	0.618548	E = 0.316207
28	1.537921		1.224060	B = 0.027588
29	2.040736	$PV^3 = 44139.6 \times B \times \frac{n.N}{m} = 1064.42 \times \frac{n.N}{m}$	1.624275	$PV^3 = 44139.6 \times B \times \frac{n.N}{m} = 1217.72 \times \frac{n.N}{m}$
30	2.535072		2.016118	
31	3.009576		2.395437	
32	3.463822		2.756920	
33	3.705461		2.942444	
34	3.032196		2.583732	
35	2.309807		1.919665	
36	2.046808		1.523577	
37	1.657207		1.491622	
38	1.321491		0.907895	
39	1.053276		0.669027	
40	0.793386		0.471130	
41	0.592507		0.311239	
42	0.428968		0.186877	
43	0.289227		0.094176	
44	0.199907		0.030786	
45	0.126795		— 0.007566	
46	0.073582		— 0.024570	
47	0.040740		— 0.025603	
48	0.017493		— 0.013592	
49	0		0	
7-8	4.556560	4.600000 5.510000	3.467466	3.533000 4.040000
D	0.846318			
32-33	3.822211		3.042168	
D	1.026345			

Tableau 37.

Admission $\frac{2}{6}$. — Échappement à l'air libre.

	F''	F = 8 atm. = 84.284.	F''	F = 7 atm. = 74.234.
		UNE MANIVELLE.		UNE MANIVELLE.
1	0		0	
2	1.133471	T = 10.8534226722	0.970910	T = 8.9130673837
3	2.241369	P = 2.7088556080	2.916553	P = 2.2289568459
4	3.288977	P' = 1.7245110788	2.812514	P' = 1.4185587522
5	4.254011	c = 0.555555	3.637487	E = 2.080287
6	3.111139	c' = 0.766345	4.370411	B = 0.233397
7	3.541679	c'' = 0.954582	4.732563	
8	4.358269	p = 4.446237	3.685313	$PV^2 = 44139.6 \times B \times \frac{n.N}{m} = 10302.05 \times \frac{n.N}{m}$
9	3.451636	p' = 4.427556	2.883721	
10	2.737849	p'' = 0.720430	2.932727	DEUX MANIVELLES.
11	2.167873	p''' = 0.594205	1.751614	
12	1.709459	o = 43°.34'.6000	1.350766	T = 17.8261347674
13	1.533760	b = 8°.51'.9492	1.030252	P = 4.4565538018
14	1.042025	o' = 53°.54'.6497	0.773457	P' = 2.8571174644
15	0.803297	b' = 16°.17'.8599	0.575767	E = 1.060023
16	0.613395	E = 2.478070	0.416635	B = 0.059498
17	0.469771	B = 0.228747	0.295844	
18	0.341972		0.204652	$PV^2 = 44139.6 \times B \times \frac{n.N}{m} = 2626.29 \times \frac{n.N}{m}$
19	0.255397		0.157267	
20	0.182714	$PV^2 = 44139.6 \times B \times \frac{n.N}{m} = 10096.80 \times \frac{n.N}{m}$	0.088794	
21	0.128284		0.054985	TROIS MANIVELLES.
22	0.086155	DEUX MANIVELLES.	0.032210	
23	0.063748		0.017296	T = 26.7592024511
			0.006413	P = 6.6849095378
25	0	P = 5.4177115360	0	P' = 4.2356761966
26	0.728229	P' = 5.4490221576	0.620124	E = 0.668994
27	1.418199	E = 1.251718	1.258315	B = 0.025019
28	2.165644	B = 0.036858	1.851785	
29	2.873717		2.437257	$PV^2 = 44139.6 \times B \times \frac{n.N}{m} = 1194.53 \times \frac{n.N}{m}$
30	3.566979	$PV^2 = 44139.6 \times B \times \frac{n.N}{m} = 2708.81 \times \frac{n.N}{m}$	3.050025	
31	4.253116		3.635896	
32	4.877627	TROIS MANIVELLES.	4.170725	
33	4.214148		3.578299	
34	3.497842	T = 52.3062680166	2.950789	
35	2.902553	P = 8.1263670040	2.410600	
36	2.393800	P' = 5.1735531564	1.939600	
37	1.967592	E = 0.770843	1.579606	
38	1.587217	B = 0.023714	1.292955	
39	1.279445		0.974258	
40	1.008359	$PV^2 = 44139.6 \times B \times \frac{n.N}{m} = 1046.73 \times \frac{n.N}{m}$	0.759843	
41	0.780178		0.545720	
42	0.590565		0.388570	
43	0.436013		0.263997	
44	0.312651		0.171717	
45	0.216257		0.104435	
46	0.142013		0.058720	
47	0.084969		0.029645	
48	0.039549		0.011978	
49	0		0	
6-7	5.744242	6.200000 7.110000	4.911743	5.200000 5.950000
D	0.766345			
32-33	4.963417		4.244081	
D	0.954322			

Tableau 28.

Admission $\frac{1}{8}$. — Échappement à l'air libre. — Admission $\frac{1}{8}$.

#	F''	F = 6 atm. = 6ᵏ.196.
1	0	UNE MANIVELLE.
2	0.806349	
3	1.391697	T = 6.9903497731
4	2.333656	P = 1.7475874433
5	3.090964	P' = 1.1125487205
6	3.629664	E = 1.749952
7	3.923497	B = 0.250358
8	3.012357	
9	2.514406	$PV^2 = 44139.6 \times B \times \frac{n.N}{m} = 11049.82 \times \frac{n.N}{m}$
10	1.767911	
11	1.533558	DEUX MANIVELLES.
12	0.992080	
13	0.720745	T = 13.9806995462
14	0.508249	P = 3.4951748865
15	0.344256	P' = 2.2250974406
16	0.220181	E = 0.888501
17	0.128918	B = 0.063551
18	0.064331	
19	0.021157	$PV^2 = 44139.6 \times B \times \frac{n.N}{m} = 2804.23 \times \frac{n.N}{m}$
20	— 0.005127	
21	— 0.018519	TROIS MANIVELLES.
22	— 0.021712	
23	— 0.018137	T = 20.9710493193
24	— 0.010163	P = 5.2427625298
25	0	P' = 3.3576461609
26	0.513018	E = 0.564589
27	1.028431	B = 0.026912
28	1.557921	
29	2.040736	$PV^2 = 44139.6 \times B \times \frac{n.N}{m} = 1187.88 \times \frac{n.N}{m}$
30	2.533072	
31	3.009676	
32	3.465822	
33	2.942444	
34	2.383755	
35	1.918665	
36	1.525580	
37	1.191619	
38	0.907892	
39	0.669050	
40	0.471147	
41	0.311233	
42	0.186577	
43	0.094175	
44	0.050783	
45	— 0.007366	
46	— 0.021373	
47	— 0.023603	
48	— 0.015392	
49	0	
6-7	4.079344	4.195000 4.790000
D	0.765345	
32-33	3.324745	
D	0.954522	

#	F''	F = 8 atm. = 8ᵏ.264.
1	0	UNE MANIVELLE.
2	1.153471	
3	2.241369	T = 8.1790522780
4	3.288977	P = 2.0447630695
5	4.254011	P' = 1.5017565999
6	5.111139	c = 0.25
7	3.925425	c' = 0.657264
8	5.012355	c'' = 0.807002
9	2.514406	p = 4.458533
10	1.767909	p' = 4.441667
11	1.533560	p'' = 0.791667
12	0.992094	p''' = 0 691667
13	0.720745	o = 37°.39'.5067
14	0.508253	b = 7°.48'.1965
15	0.344232	o' = 46°.14'.2669
16	0.220185	b' = 9°.14'.2668
17	0.128922	E = 2.098129
18	0.064527	B = 0.256524
19	0.021157	
20	— 0.005127	$PV^2 = 44139.6 \times B \times \frac{n.N}{m} = 11322.87 \times \frac{n.N}{m}$
21	— 0.018319	
22	— 0.021712	DEUX MANIVELLES.
23	— 0.018157	
24	— 0.010159	T = 16.3581045560
25	0	P = 4.0893261530
26	0.725229	P' = 2.6054731998
27	1.448193	E = 1.0769860
28	2.165644	B = 0.065960
29	2.873717	
30	3.560979	$PV^2 = 44139.6 \times B \times \frac{n.N}{m} = 2911.45 \times \frac{n.N}{m}$
31	4.238116	
32	3.630160	TROIS MANIVELLES.
33	2.942412	
34	2.383751	T = 24.5571568540
35	1.918663	P = 6.1342892085
36	1.323576	P' = 3.9032057997
37	1.191619	E = 0.739072
38	0.907892	B = 0.029715
39	0.669026	
40	0.471147	$PV^2 = 44139.6 \times B \times \frac{n.N}{m} = 1311.53 \times \frac{n.N}{m}$
41	0.311253	
42	0.186577	
43	0.094175	
44	0.050783	
45	— 0.007362	
46	— 0.024573	
47	— 0.023603	
48	— 0.015388	
49	0	
5-7	3.127981	3.300000 6.000000
	0.657264 = D	
31-32	4.346129	
	0.807002 = D	

Machines d'épuisement à détente.

Nous répéterons ici ce que nous avons dit au sujet des machines à rotation : on ne peut attribuer le petit nombre des machines d'épuisement fonctionnant à détente, qu'à l'absence, dans les traités de mécanique, de formules faciles pour calculer le poids des masses à mettre en mouvement afin d'obtenir une détente indiquée.

M. Trasenster, ingénieur des mines de Belgique, a publié en 1848, dans le septième volume des *Annales des travaux publics*, une théorie de la machine d'épuisement, au sujet de la machine du Grand-Bac, à Sclessin près de Liége. Cette théorie est exposée avec une parfaite lucidité; elle aurait dû, évidemment, déterminer le plus généralement l'adoption de la détente pour les machines d'épuisement. Si cela n'a pas eu lieu, si le travail de M. Trasenster, qui ouvrait aux constructeurs une voie facile, n'a pas donné les résultats que l'on devait en attendre, c'est que probablement ce beau travail n'est pas assez connu, ou que son application, seulement à une machine existante, n'a pas été un guide suffisant pour construire des machines dans des conditions données.

M. l'ingénieur Trasenster nous ayant autorisé, avec la plus grande obligeance, à faire usage de son travail, nous allons reproduire, *en substance*, cette théorie, et nous montrerons combien est facile son application à la construction des machines d'épuisement, en faisant des calculs dans les trois cas suivants, les seuls qui peuvent se présenter :

1° Le travail à faire étant donné, calculer le diamètre du piston à vapeur et les masses à mettre en mouvement pour un degré de détente prescrit;

2° Le travail à faire étant donné, et le cylindre de la machine existant, déterminer le degré de détente possible, et le poids des masses à mettre en mouvement pour une tension de vapeur déterminée ;

3° Le travail à faire étant donné, ainsi que le degré de détente, et le cylindre existant, déterminer la tension de vapeur nécessaire et les masses à mettre en mouvement.

Mais une plus grande divulgation du travail dont nous venons de parler n'est pas notre seul but : nous terminerons en tâchant de démontrer l'utilité de l'application du système de Woolf aux machines d'épuisement, pour pouvoir employer de grandes détentes sans contrepoids excessifs.

Soient A l'aire du piston en centimètres carrés, déduction faite de la tige ;

p la tension de vapeur, par unité de surface, suffisante pour soulever le piston et pour vaincre les résistances ;

p' la contre-pression ;

π le poids des attirails (maîtresse tige, pistons, etc.) ;

c le poids du contre-poids ;

M la différence de ces deux poids ;

E le poids total de la colonne d'eau ;

E' le poids de la colonne d'eau refoulée ;

e le poids de la colonne d'eau aspirée ;

F les résistances passives pendant l'ascension, y compris le jeu des appareils nécessaires au service de la machine ;

F' les mêmes résistances à la descente, y compris l'excès de poids destiné à vaincre l'inertie.

On aura pendant la course ascendante, $Ap = Ap' + M + e + F$: à la descente on aura $M = E' + F'$, d'où $Ap = Ap' + E' + F' + e + F$; mais $E = E' + e$, donc $A(p - p') = E + F + F'$, et enfin

$$A = \frac{E + F + F'}{p - p'} \quad (1)$$

Cette équation servira à déterminer l'aire du piston, quand on aura calculé la valeur de p.

Soient Q le poids des masses en mouvement pendant l'ascension du piston ;

V la vitesse maxima ;

P la pression initiale de la vapeur ;

p la tension d'équilibre définie précédemment ;

p'' la tension de la vapeur après la détente ;

l l'espace parcouru par le piston lorsque l'admission cesse ;

l' la longueur du volume du cylindre équivalent aux espaces nuisibles ;

n le degré de détente ;

L la course entière ;

x l'espace parcouru jusqu'au point d'équilibre ;

m le rapport de l' à L.

Le travail de la vapeur, abstraction faite des espaces nuisibles, sera égal au travail pendant l'admission, augmenté du travail dû à la détente depuis la pression initiale P jusqu'à la pression p'', diminué de la résistance de l'air libre, ou de la tension dans le condenseur ; on aura donc pour ce travail

$$T = APl + APl \; \log. \; \text{hyp.} \; \frac{P}{p''} - Ap'L.$$

La vapeur introduite dans les espaces nuisibles ne produit aucun effet pendant l'admission, mais son travail de détente s'ajoute à celui de la vapeur utile : on a donc pour le travail

$$T = APl + AP \, (l + l') \; \log. \; \text{hyp.} \; \frac{P}{p''} - Ap'L.$$

Le rapport de la course totale L à la course l pendant l'admission, est égal au degré n de détente, c'est-à-dire que $n = \dfrac{L}{l}$, d'où $l = \dfrac{L}{n}$.

Le volume des espaces nuisibles est une fraction m du volume total dont la longueur est L, et l'on a $l' = mL$; enfin la loi de Mariotte donne $P\,(l + l') = p''\,(L + l')$, d'où $\dfrac{P}{p''} = \dfrac{L + l'}{l + l'}$ substituant à l et à l' leurs valeurs on aura $\dfrac{P}{p''} = \dfrac{n\,(1 + m)}{1 + mn}$, et

$$T = \frac{APL}{n} \left\{ 1 + (1 + mn)\ \log.\ \text{hyp.}\ \frac{n(1+m)}{1 + mn} \right\} - Ap'L\ (2)$$

Cette équation donne le travail de la machine en kilog. mètres pour un mouvement du piston ; pour avoir le travail en chevaux-vapeur, il faut diviser le produit obtenu par le temps, en secondes, et par 75.

Si la vapeur agissait à la tension d'équilibre p, son travail diminué de la résistance sur le piston, serait $ApL - Ap'L$, et serait égal au travail précédent; donc

$$ApL = \frac{APL}{n} \left\{ 1 + (1 + mn)\ \log.\ \text{hyp.}\ \frac{n\,(1 + m)}{1 + mn} \right\},\ \text{d'où}$$

$$p = \frac{P}{n} \left\{ 1 + (1 + mn)\ \log.\ \text{hyp.}\ \frac{n\,(1 + m)}{1 + mn} \right\}\ (3),\ \text{et}$$

$$P = \frac{np}{1 + (1 + mn)\ \log.\ \text{hyp.}\ \dfrac{n\,(1 + m)}{1 + mn}}\ (4)$$

Équations qui font connaître p quand on connaît P, et réciproquement : substituant la valeur de p dans l'équation (4), on aura la valeur de A, ou la superficie utile du piston en centimètres carrés.

Le travail de la vapeur, depuis l'origine du mouvement jusqu'au point d'équilibre, est $T = APl + AP (l + l')$ log. hyp. $\dfrac{P}{p} - Ap'x$: si l'on en retranche le travail que ferait la vapeur à la pression d'équilibre, diminué de la résistance sur le piston, ou $Apx - Ap'$, on aura le travail dû à la détente et qui doit être égal à la moitié de la force vive maxima des masses mises en mouvement ; on aura donc

$$\frac{Q}{2g} \times V^2 = APl + AP (l + l') \text{ log. hyp. } \frac{P}{p} - Apx$$

mais on a par la loi de Mariotte

$$p (x + l') = P (l + l'), \text{ d'où } px = Pl + l' (P - p), \text{ donc}$$

$$\frac{Q}{2g} V^2 = APl + AP (l + l') \text{ log. hyp. } \frac{P}{p} - APl - Al' (P - p)$$

$$\frac{Q}{2g} V^2 = AP (l + l') \text{ log. hyp. } \frac{P}{p} - Al' (P - p)$$

mais $l = \dfrac{L}{n}$ et $l' = mL$, substituant ces valeurs et réduisant

$$\frac{Q}{2g} V^2 = APL . \frac{1 + mn}{n} \text{ log hyp. } \frac{P}{p} - AmL (P - p) \quad (5).$$

Cette équation sert à déterminer le poids Q des masses à mettre en mouvement, qui doivent être placées aux extrémités du balancier, ou des balanciers d'équilibre, de manière que la maîtresse tige ait l'excédant de poids nécessaire pour fouler la colonne d'eau.

On suppose que les masses seront adaptées, d'une part, à la maîtresse tige, qui en fait partie, ou à l'extrémité du balancier, ou des balanciers, joignant la maîtresse tige, et, d'autre part, à la même distance de l'axe ou des axes des balanciers ; si leurs bras sont inégaux, il faut modifier le poids des masses en raison inverse de la longueur de ces bras par rapport à la distance des axes à la maîtresse tige.

Il résulte de ce qui précède qu'au moyen des formules (1) et (3) on déterminera la surface utile du piston en centimètres carrés ; qu'au moyen de la formule (5) on déterminera le poids des masses à mettre en mouvement pour obtenir la détente prescrite avec une vitesse initiale indiquée, et qu'enfin au moyen de la formule (2) on connaîtra le travail total fait par la machine.

Le poids Q comprend tout ce qui est mis en mouvement, maîtresse tige, pistons, attirails, colonne d'eau aspirée, poids ajoutés du côté de la maîtresse tige, contre-poids supporté par le balancier du côté opposé à la maîtresse tige, et le poids du balancier rapporté à ses extrémités.

Le poids de tous les appareils ou des masses, du côté de la maîtresse tige étant représenté par π, et le poids agissant à l'extrémité opposée du balancier étant représenté par c, on a $Q = \pi + c$; mais une partie de π est nécessaire pour mettre en mouvement la colonne d'eau, c'est $M = E' + F' = \pi - c$, d'où l'on tire $Q = M + 2c$. Ainsi, connaissant M par les conditions de travail de la machine, et ayant calculé Q, on aura $c = \dfrac{Q - M}{2}$ et $\pi = M + c$.

Première hypothèse.

Une machine à pistons plongeurs, avec pompe aspirante et soulevante, doit élever 1.200 litres d'eau par minute, de la profondeur de 400ᵐ ; la pompe aspirante et soulevante a 30ᵐ de hauteur ; la vitesse du piston à vapeur doit être de

40^m par minute, soit de 20^m pour le travail utile. On veut que cette machine fonctionne à expansion et à condensation, que l'admission ait lieu pendant $\frac{1}{5}$ de la course du piston, cette course étant de $3^m,50$; la tension de la vapeur sera de 5 atm. dans les chaudières.

On supposera que le déchet des pompes soit de 0,05, ce qui est un déchet quelque peu exagéré, et que l'on diminuera facilement en dessinant les pompes de telle sorte que de l'air ne puisse jamais y rester, en les ajustant et en les montant avec le plus grand soin pour éviter tout mouvement oblique.

Les pistons devront donc, avec une vitesse de 20^m, engendrer un volume égal à $1200 + 0,05 \times 1200 = 1260$ litres ou $1^{m^3},260$, et leur diamètre sera donné par $3,1416 \times r^2 \times 20 = 1,260$, d'où $r = 0^m,142$ et $d = 0^m,284$. La section des pistons sera égale à $0^{m^2},063347$, et, par conséquent, la colonne d'eau élevée depuis le fonds du puits jusqu'à la surface, pèsera $0,063347 \times 400 \times 1000 = 25339^k = E$.

M. Trasenster citant des résultats d'expérience, pense que l'on peut poser, pour les machines sans condensation, $F = 0,07\,E$ et $F' = o,11\,E$, et, pour les machines à condensation, $F = 0,10\,E$ et $F' = o,11\,E$, et il fait, avec raison, cette réserve, que ce sont des coëfficients à vérifier par des observations exactes, et comme une limite au-dessous de laquelle il est possible de rester. Un montage bien fait et des ajustements soignés permettent, en effet, de réduire considérablement les frottements, et nous pourrions citer plusieurs machines, sans condensation, pour lesquelles on a eu $F + F' = 0,13\,E$, et moins encore.

Toutefois nous adopterons les chiffres donnés précédemment ; nous supposerons que la contre-pression dans le condenseur sera de $\frac{1}{5}$ atm. $= 0^k,2066$, quoique cette contre-pression ne soit soit souvent que $0^k,150$, et l'on aura en substituant ces valeurs dans la formule (1)

$$A = \frac{E+F+F'}{p-p'}, \quad A = \frac{25339 + 0,21 \times 25339}{p - 0,2066} = \frac{30660,19}{p - 0,2066}.$$

Pour déterminer p, on prendra la formule (3)

$$p = \frac{P}{n} \left\{ 1 + (1 + mn) \log. \text{ hyp. } \frac{n(1+m)}{1+mn} \right\}$$

On supposera que la tension de la vapeur, dans les chaudières, étant de 5 atm., elle soit réduite dans son passage des chaudières au cylindre à $4^{\text{atm}},5 = 4^k,65$ sur le piston. Le volume des espaces nuisibles peut être moins grand (surtout pour les machines très-puissantes) que $0,05$ du volume engendré par le piston à vapeur, mais comme M. Trasenster, nous poserons $m = 0,05$; le degré de détente $n = 5$, on aura donc

$$p = \frac{4.65}{5} \left\{ 1 + (1 + 0,05 \times 5) \log. \text{ hyp. } \frac{5(1+0,05)}{1+0,05 \times 5} \right\}$$
$$= 0.93 \; (1 + 1,25 \log. \text{ hyp. } 4,2).$$

(*N. B.* On obtient les log. hyp. en divisant les log. des tables de Callet ou de J. de La Lande par le module $0,4342944819$, ou en les multipliant par $2,302585$) : log. hyp. $4,2 = 1,4350845$, on obtient donc $p = 2^k,5983$; par conséquent $A = 12820$ cent. carrés de surface utile. pour avoir la superficie totale du piston, il faut ajouter, à la surface trouvée, la section de la tige calculée pour une charge de $30660^k,19$, et pour la résistance d'inertie $\frac{1}{2} M V^2$ de cette charge, à la vitesse initiale V.

Si l'on suppose que cette vitesse soit de 2^m, la résistance d'inertie sera $\dfrac{30660,19}{2 \times 9,81} \times 2^2 = 6250^k,8$, et la tige devra

pouvoir supporter un effort de 36911^k, à raison de 5 ou 6 kilog. au maximum, par millim. carré ; dans cette dernière hypothèse, elle aura une section de 6152 millim. carrés, ou de 62 cent. carrés, qu'il faut ajouter à la surface trouvée pour A ; elle sera donc de $1^{m^2},2884$, ce qui donne $D = 1^m,28$.

Prenant l'équation (5), $\dfrac{Q}{2g} V^2 = APL . \dfrac{1 + mn}{n} \log$ hyp.

$\dfrac{P}{p} - AmL\,(P - p)$, qui sert à calculer les masses à mettre en mouvement, on a, en supposant que la vitesse initiale soit $V = 1,5$, et en substituant les valeurs suivantes :
$g = 9,81$; $A = 12820$; $P = 4,65$; $p = 2,5983$; $L = 3,50$; $m = 0,05$; $n = 5$;

$$Q = \frac{2 \times 9,81}{1,5^2} \left\{ 12820 \times 4,65 \times 3,5 \times \frac{1 + 0,05 \times 5}{5} \right.$$

$$\log.\ \text{hyp.} \frac{4,65}{2,60} - 12820 \times 0,05 \times 3,5\,(4,65 - 2,60) \left. \right\}$$

$\log.$ hyp. $\dfrac{4,65}{2.60} = \log.$ hyp. $1,788 = 0,5810976$; effectuant les opérations, on trouve $Q = 224,206$ k.

La maîtresse tige devant peser $30660^k = M$, il faudra ajouter un poids et un contre-poids pesant ensemble $224206 - 30660 = 193546 = 2c$, donc $c = 96773\ k$, et comme π représente le poids de la maîtresse tige nécessaire pour fouler la colonne d'eau, et la moitié des masses pour produire la détente, on aura pour le poids total de la maîtresse tige, avec la moitié des masses ajoutées $\pi = M + c = 30660 + 96773 = 127433^k$.

Il est utile de se rendre compte de l'économie de combustible que cette machine procurera, relativement à une machine qui fonctionnerait à tension continue.

Dans ce cas, la tension sur le piston pouvant être de $4^k.65$, et la charge à soulever étant de $30660^k,19$, l'aire utile du piston, en centimètres carrés, serait égale $\frac{30660,16}{4,65} = 6594$. Le volume de vapeur consommée pour un mouvement sera $0^{m^2},6594 \times 3,5 = 2^{m^3},3079$, et comme à la tension de $4\frac{1}{2}$ atm., sa pesanteur spécifique est $2^k,3496$, son poids serait 5^k423.

L'aire du piston pour la détente 5 étant de 12820 cent. carrés, et sa course à pleine tension, étant $\frac{3.5}{5} = 0^m.70$, le poids de la vapeur consommée, pour un mouvement, sera $1,2820 \times 0,7 \times 2,3496 = 2^k,109$. L'économie de vapeur due à la détente serait donc $5,423 - 2,109 = 3^k,314$. La machine devant avoir une vitesse utile de 20^m par minute, le piston parcourra 1200^m utiles par heure, ou fera $\frac{1200}{3,5} = 343$ mouvements ; l'économie, par heure, serait donc de $3^k,314 \times 343 = 1136^k.70$, et comme 1^k de charbon peut, pratiquement, vaporiser 6^k d'eau, l'économie de combustible serait de $\frac{1136,7}{6} = 189^k,45$ par heure de travail.

Seconde hypothèse.

Les pompes à pistons plongeurs, d'une machine d'épuisement à condensation, ont $0^m,30$ de diamètre ; la profondeur de la bure est de 600^m ; le poids de la colonne d'eau est de $42411^k = E$, d'où $E + 0,21\,E = 51317,31$; le diamètre du piston à vapeur est de $1^m,50$, sa course est de $3^m,50$, et sa superficie est de 17671 cent. carrés ; mais sa tige ayant $0^m,11$ de diamètre en une section de 95 cent. carrés, la surface utile du piston est seulement $A = 17576$ cent. carrés.

La machine fonctionne avec une tension continue de $3^k,12$ sur le piston, et comme on peut disposer d'une tension de 6 atm. dans les chaudières, soit de la tension de $5^k,7$ sur le piston, on veut savoir quel est le degré de détente auquel on pourrait faire fonctionner cette machine, quels sont les poids et contre-poids que l'on devrait ajouter, et quelle serait l'économie de combustible résultant de l'emploi de la détente.

Les données du problème sont donc

$$E + 0,21\,E = 51317,31 \; ; \; A = 17576 \; ; \; L = 3,50 \; ; \; P = 5,7 \; ;$$
$$\text{supposons que } p' = 0,2 \text{ et } m = 0,05.$$

L'équation (1) $A = \dfrac{E + 0,21\,E}{p - p'}$ donne

$$17576 = \frac{51317,31}{p - 0,2}, \text{ d'où } p = 3^k,12.$$

L'équation (3)

$$p = \frac{P}{n} + \frac{P}{n}\,(1 + mn)\ \text{log. hyp.}\ \frac{n\,(1 + m)}{1 + mn} \text{ devient}$$
$$3,12 = \frac{5,7}{n} + \frac{5,7}{n}\,(1 + 0,05\,n)\ \text{log. hyp.}\ \frac{n \times 1,05}{1 + 0,05 \times n}.$$

Pour avoir la valeur de n, il faut procéder par tatonnements, et donner à n différentes valeurs, pour rendre le second membre de l'équation égal au premier.

Quelques essais montrent que *la valeur du second membre augmente quand* n *diminue et réciproquement.*

$n = 4$, donne pour le second membre 3,567, trop grand, donc n trop petit.

$n = 5$, donne pour le second membre 3,14, trop grand, donc n trop petit.

$n = 5,2$, donne pour le second membre 3,118, la différence n'étant que de 0,002, on peut considérer $n = 5,2$ comme bon.

La vapeur sera donc admise pendant $\dfrac{3,5}{5,2} = 0^m,673$.

Introduisant dans l'équation (5)

$$\frac{Q}{2g} \times V^2 = APL\,\frac{1+mn}{n}\,\text{log. hyp. }\frac{P}{p} - AmL\,(P-p),\text{les valeurs}$$

suivantes $A = 17576$; $P = 5,7$; $p = 3,12$; $L = 3,5$; $m = 0,05$; $n = 5,2$; $g = 9,81$, et supposant que la vitesse initiale soit $V = 2$, on aura log. hyp. $\dfrac{P}{p} = $ log. hyp. 1,83

$= 0,6043159$ et l'on trouvera $\qquad Q = 213024$ k.

La maîtresse tige devant peser $\qquad\qquad$ 51317

Il faudra ajouter en poids et contre-poids $\quad$ 161707 k.

La machine fonctionnait à la tension continue de $3^k,12$ et le mètre cube de vapeur, à cette tension, pesant $1^k,69$, la consommation pour un mouvement était de

$$1^{m^2},7576 \times 3,50 \times 1,69 = 10^k,396$$

En employant la détente 5,2 la vapeur à la tension $5^k,7$ pesant $2^k,8198$ le mètre cube, la consommation sera $\quad 1,7576 \times 0,673 \times 2,8198 = 3,335$

L'économie pour un mouvement sera donc de $\quad 7^k,061$ soit de 7^k et par heure de $7 \times 343 = 2401$ k., correspondant à $\dfrac{2401}{6} = 400$ k. de charbon.

La vitesse initiale de 2^m est grande ; les machines de Bleyberg ont, dit-on, une vitesse initiale de $1^m,90$, et quelques calculs portent à croire qu'elle atteint $1^m,97$: mais, malgré cet exemple, il serait prudent de faire $V = 1,50$ ou $V = 1,75$. Comme les masses à mettre en mouvement sont en raison inverse du carré de la vitesse initiale, elles seraient

$$\text{pour } V = 1,75, \text{ de } \quad 213024 \times \frac{4}{1,75^2} = 278235 \text{ k.}$$

$$\text{pour } V = 1,50 \text{ de } \quad 213024 \times \frac{4}{1,5^2} = 378709 \text{ k.}$$

dont il faudrait déduire le poids 51317 k. de la maîtresse tige.

Troisième hypothèse.

Le piston d'une machine, à condensation, a $1^m,50$ de diamètre et $3^m,50$ de course; sa tige ayant $0^m,11$ de diamètre, la superficie utile du piston est $A = 17576$ cent. carrés. Le poids de la colonne d'eau est $E = 42411$ k. d'où $E + 0,21\ E = 51317^k,31$; la contre-pression dans le condenseur est $p' = 0,2$, on suppose que l'on a pour les espaces nuisibles $m = 0,05$; on veut que cette machine fonctionne à la détente $n = 4$, et il faut déterminer la tension initiale nécessaire et les masses à mettre en mouvement.

La formule (1) $A = \dfrac{E + 0,21\ E}{p - p'}$, donne

$$p = \frac{51317,31 + 17576 \times 0,2}{17576} = 3^k,12;$$ introduisant

cette valeur p et celle de m et de n dans l'équation (4)

$$P = \frac{np}{1 + (1 + mn)\ \log.\ \text{hyp.}\ \dfrac{n\,(1 + m)}{1 + mn}}$$ on trouve

$P = 4^k,992$ soit 5^k, ce qui correspond à 4,9 atm. Il faudra donc que les chaudières supportent la tension de 5,5 atm.

Connaissant A, L, P, p, m et n, on calculera Q comme on l'a fait précédemment.

L'équation (2) $T = \dfrac{APL}{n} \left\{ 1 + (1 + mn) \text{ log. hyp. } \dfrac{n(1+m)}{1+mn} \right\}$
— $Ap'L$, donne le travail *total* d'une machine pour un mouvement du piston.

Prenant pour exemple les données de la machine dont il a été question dans la première hypothèse, on aura $A = 12820$; $P = 4,65$; $L = 3,50$; $p' = 0,2066$; $m = 0,05$; $n = 5$; d'où

$$T = \frac{12820 \times 4,65 \times 3,50}{5} \left\{ 1 + (1 + 0,05 \times 5) \right.$$

$$\left. \text{log. hyp. } \frac{5 \times 1,05}{1,25} \right\} - 12820 \times 0,2066 \times 3,50,$$

$$T = 107314^{km},94.$$

Le piston fait un mouvement complet, ou son travail, 10,5 secondes : le travail de la machine est donc $\dfrac{107314,94}{10,5 \times 75} = 136,27$ chevaux-vapeur. La force utile étant $\dfrac{1200^k \times 400^m}{60,75} = 106,66$ chevaux-vapeur, les déchets, les frottements, etc., absorbent 29,61 chevaux-vapeur, ou 21,73 p. % du travail total.

Ce qui montre combien il est important de soigner les détails de construction et de montage pour diminuer les pertes, les frottements et les espaces nuisibles.

Machines d'épuisement du système de Woolf.

Les machines du système de Woolf ont un mouvement plus régulier que les machines qui n'ont qu'un seul cylindre, parce que dans celles-ci l'admission de la vapeur ayant lieu pendant une fraction de la course, et l'expansion lui succédant, l'excès de travail dépend de la tension initiale et de l'expansion, tandis que dans les machines de Woolf la pleine tension continue, sous le petit piston, et l'expansion, sous le grand piston, agissant simultanément, l'excès de travail ne dépend que de l'expansion.

Il en résulte que les machines de Woolf exigent, pour la détente, des masses moins considérables que celles qui sont nécessaires pour les machines à un seul cylindre, et que l'on peut remplacer un cylindre, qui souvent doit être fort grand, par trois cylindres, dont l'un, pour la pleine tension, est placé entre les deux autres, dans lesquels l'expansion a lieu. Les dimensions réduites de ces deux cylindres rendent leur fabrication moins difficile que celle d'un grand cylindre, et la résultante des efforts passe dans l'axe de la maîtresse tige sans présenter les difficultés de montage que l'on rencontrerait en employant deux cylindres superposés, qui d'ailleurs exigent une grande hauteur pour leur emplacement.

Dans les machines à rotation, la vapeur agit d'abord, à pleine tension et le travail d'expansion est la somme de celui de la vapeur qui agit sur le piston et de celui de la vapeur qui est contenue dans les espaces nuisibles.

Il n'en est pas ainsi dans les machines d'épuisement, que, pour l'intelligence des raisonnements, nous supposerons être à traction directe.

La vapeur admise sous le petit piston, dont l'aire utile

est a, et dans l'espace nuisible, soulève ce petit piston pendant sa course L.

Lorsque le petit piston descend, la vapeur passe au-dessus par la soupape d'équilibre qui se ferme avant la fin de la course descendante. Il en résulte que la vapeur est comprimée sous le piston à peu près à la tension initiale, et que, conséquemment, l'espace nuisible ne contribue pas à accroître le travail de la détente.

Au contraire, la vapeur qui a soulevé le piston se répand dans l'espace nuisible qui existe entre les cylindres et sous le grand piston, ce qui diminue sa tension initiale pour l'expansion et sa tension finale p''.

Si le volume de vapeur admise à la tension P, pendant la course du petit piston, et dont le travail est aPL, ne se détendait que dans le grand cylindre, la surface utile du grand piston devrait être n fois celle du petit piston, n étant le chiffre de la détente voulue ; mais comme la vapeur se détend dans l'espace nuisible, l'aire utile du grand piston devrait être moins grande pour le degré n de détente totale ; néanmoins, vu la petite importance pratique de ce point, nous supposerons que l'aire utile du grand piston $A = na$.

Le travail de la vapeur dans le petit cylindre est aPL ; lorsque le petit piston est descendu, elle occupe l'espace aL et l'espace nuisible que nous supposerons être une fraction mAL de la capacité du grand cylindre : on a donc, par la loi de Mariotte, en désignant par P' la tension de la vapeur dans ces deux espaces, et en remplaçant A par na

$$P' (aL + mnaL) = aPL, \text{ d'où} \qquad P' = \frac{P}{1 + mn}.$$

Le travail de détente jusqu'à la tension finale p'', de cette vapeur qui est contenue, à la tension P', dans l'espace

$$\frac{A}{n} L + mAL = AL \frac{1 + mn}{n}, \text{ est } AL \frac{1 + mn}{n} P' \log. \text{ hyp. } \frac{P'}{p''} :$$

on connaît P' il faut déterminer la tension finale p''.

A cette tension, la vapeur occupe les espaces AL et AmL; elle occupait, primitivement, l'espace $aL = \dfrac{A}{n}. L$ à la tension P, on a donc

$$p'' \, (AL + AmL) = P . \frac{AL}{n}, \text{ d'où} \qquad p'' = \frac{P}{(1 + m) \, n},$$

et conséquemment on a pour le travail de la détente, déduction faite du travail de la contre-pression p' de l'air ou dans le condenseur, $T' = \dfrac{APL}{n} \text{ log. hyp. } \dfrac{(1 + m) \, n}{1 + mn} - Ap'L.$

Le travail dans le petit cylindre étant $a \, PL = \dfrac{APL}{n}$, le travail total est

$$T = \frac{APL}{n} \left(1 + \text{log. hyp. } \frac{(1 + m) \, n}{1 + mn} \right) - Ap'L \ (1).$$

Après avoir produit un effort qui l'emporte sur la résistance, les pistons arrivent à une distance x de l'origine du mouvement, où la tension p de la vapeur, détendue sous le grand piston, ajoutée à la tension P, sous le petit piston, et diminuée de la résistance p' de l'air ou de la contre-pression dans le condenseur, fait équilibre à la charge, qui est, comme pour les machines à un cylindre, égale à $1{,}21 \, E$. On doit donc avoir alors $Ap + aP - Ap' = 1{.}21 \, E$, et comme $A = na$, on en déduit

$$a = \frac{1{,}21 \, E}{P + n \, (p - p')} \ (2).$$

Si cette tension d'équilibre p agissait, concurremment avec la tension P, d'une manière continue, le travail produit serait égal à T : on a donc

$$\frac{A}{n}PL + ApL - Ap'L = \frac{APL}{n} + \frac{APL}{n}\log.\,\mathrm{hyp.}\,\frac{n(1+m)}{1+mn} - Ap'L$$

ce qui donne

$$p = \frac{P}{n}\log.\,\mathrm{hyp.}\,\frac{n(1+m)}{1+mn}\quad(3).$$

La vapeur remplit alors l'espace $Ax + AmL$, et l'on a par la loi de Mariotte

$$(Ax + AmL)\,p = \frac{A}{n}PL,\ \text{d'où}\quad x = \frac{P.L}{p.n} - mL\ (4)$$

qui donne la course à l'extrémité de laquelle l'équilibre a lieu.

Le travail de détente de la vapeur, à la tension P', jusqu'à la tension p d'équilibre est

$$\frac{APL}{n}\log.\,\mathrm{hyp.}\,\frac{P'}{p} - Ap'x : \text{en y introduisant } P' = \frac{P}{1+mn}$$

cette expression devient $\dfrac{APL}{n}\log.\,\mathrm{hyp.}\,\dfrac{P}{p(1+mn)} - Ap'x$;

si l'on en retranche le travail de p, à tension continue, pendant la course x, diminué de la résistance $Ap'x$, ou

$$Apx - Ap'x = \frac{APL}{n} - ApmL - Ap'x,\ \text{on a l'excès po-}$$

sitif de travail auquel doit être égale la moitié de la force vive des masses à mettre en mouvement : on a donc

$$\frac{Q}{2g}V^2 = \frac{APL}{n}\log.\,\mathrm{hyp.}\,\frac{P}{p(1+mn)} - \frac{APL}{n} + ApmL\ (5).$$

Appliquons ces formules au calcul d'une machine qui devrait élever, par minute, 1200 litres d'eau de la profondeur de 400^m (première hypothèse relative aux machines à un cylindre).

On a vu que $E = 25339^k$ et $E + 0{,}21\,E = 30660^k{,}19$; $L = 3{,}50$; $P = 4{,}65$; $p' = 0{,}2066$; $m = 0{,}05$; $n = 5$.

Introduisant ces données dans l'équation (3)

$$p = \frac{P}{n} \text{ log. hyp. } \frac{n\,(1+m)}{1+mn}, \text{ on a } p = \frac{4{,}65}{5} \text{ log. hyp. } 4{,}2 =$$

$0{,}93 \times 1{,}450845 = 1^k{,}3346$.

L'équation (2) $\quad a = \dfrac{1{,}21\,E}{P + n\,(p - p')}$, donne

$$a = \frac{30660{,}19}{4{,}65 + 5\,(1{,}3346 - 0{,}2066)} = 2979{,}61$$

L'aire utile du petit piston sera donc $a = 2980$ cent. carrés, et l'aire utile du grand piston sera $A = 2979{,}61 \times 5$ ou $A = 14898$ cent. carrés.

Le petit piston exercera un effort $aP = 2980 \times 4{,}65 = 13857^k$
Le grand piston $\quad$ » $\quad A p = 14898 \times 1{,}3346 = 19883$

$$\overline{ 33740}$$

Si l'on en déduit la résistance $A p' = 14898 \times 0{,}2066 = 3078$

La différence, qui devait être égale à la charge, est $\overline{30662_k}$ au lieu de $30660{,}19$: l'excès provient de ce que l'aire du petit piston est trop grande de quelques millimètres carrés.

Le travail total donné par l'équation (1) sera

$$T = \frac{14898 \times 4{,}65 \times 3{,}5}{5}\left(1 + \text{log. hyp. } \frac{5{,}25}{1{,}25}\right) - 14898$$

$\times\ 0{,}2066 \times 3{,}5$, d'où $T = 48492{,}99\,(1 + 1{,}4350845)$ $-\ 10772{,}71 = 107311^k{,}82$.

Ce travail d'un mouvement étant fait en $10''{,}5$, il est, en chevaux-vapeur de $\dfrac{107311{,}82}{10{,}5 \times 75} = 136{,}27$ chevaux.

Pour déterminer le poids des masses à mettre en mou-

vement, prenons la formule (5) que l'on peut mettre sous
la forme

$$\frac{Q}{2g}V^2 = \frac{APL}{n}\left(\text{log. hyp. } \frac{P}{p\,(1+mn)} - 1\right) + ApmL, \text{ on a :}$$

$$\frac{Q}{2g}V^2 = 48492,99 \left(\text{log. hyp. } \frac{4,65}{1,3346 \times 1,25} - 1\right) +$$
$$14898 \times 1,3346 \times 0,05 \times 3,5 ;$$

$$\frac{Q}{2g}V^2 = 48492,99 \,(\text{log. hyp. } 2,7873 - 1) + 3479,50 ;$$

$$\frac{Q}{2g}V^2 = 48492,99 \times 0,025089 + 3479,50 = 4696^{km},14.$$

Si l'on pose $V = 1^m,50$, comme pour la machine à un
seul cylindre, on trouve

$$Q = \frac{2 \times 9,81}{2,25} \times 4695,38 = 40944^k$$

pour un seul cylindre les masses devraient peser 224206^k,
ce qui montre combien est grand l'avantage que le système
de Woolf présente sous ce rapport.

Il est convenable de vérifier les calculs précédents en
suivant une voie différente de celle que nous avons
adoptée.

On peut faire cette vérification de deux manières :

1° en calculant le travail de p pendant la course x,
avec détente de p à p'', et en retranchant ce travail de celui
de la détente entière : la différence doit être égale à l'excès
positif trouvé ;

2° en retranchant ce travail de p pendant la course x
avec détente de p à p'', du travail continu de p pendant la

couse L : la différence est l'excès négatif de travail qui doit être égal à l'excès positif.

Le travail de p pendant la course x est Apx; la vapeur est contenue non-seulement dans le volume dont la longueur est x mais dans l'espace nuisible pour lequel cette longueur est mL : l'expression du travail de p est donc, déduction faite du travail résistant,

$$Apx + Ap\,(x + mL)\,\log.\ \text{hyp.}\ \frac{p}{p''} - Ap'L :$$

on a vu que $p'' = \dfrac{P}{(1 + m)\,n}$, ce qui donne $p'' = \dfrac{4,65}{5,25}$ $= 0,8857$, et que $x = \dfrac{PL}{pn} - mL$, ce qui donne $x = 2,2639$:

d'ailleurs

$A = 14898$; $p = 1,3346$; $p' = 0,2066$; $mL = 0,175$; $L = 3,50$; en substituant ces chiffres et la valeur de

$\log.\ \text{hyp.}\ \dfrac{p}{p''} = \log.\ \text{hyp.}\ 1,50683 = 0,4100082$, on trouve

que ce travail est égal à $45012,83 + 48492.3335908 \times 0,4100032 - 10772,74 = 54122^{\text{km}}.34$.

On a trouvé pour la détente entière $58818,83$ la différence, qui est l'excès positif, est $5888,83 - 54122.34 = 4696.49$.

Le travail continu de p est $AL\,(p - p') = 14898 \times 3,5$ $(1,3346 - 0,2066)$ $\qquad\qquad = 58817.30$

Retranchant le travail de p avec détente, soit $\quad54122.34$

La différence est l'excès négatif $\qquad\qquad 4694.96$

Le calcul par l'expression de $\dfrac{Q}{2g}\,V^2$ a donné $\qquad 4695.38$

les différences, peu importantes, que présentent ces trois chiffres proviennent des fractions, et l'on peut prendre sans inconvénient le maximum.

Une objection qui se présente naturellement à l'esprit,

est que, dans les calculs précédents, il n'a pas été tenu compte de la réaction, sur le petit piston, de la vapeur qui se détend dans le grand cylindre.

M. le général Poncelet, qui a appelé l'attention sur ce point, en parlant des machines de Woolf, a refuté cette objection de la manière suivante :

Soient A et a les aires des pistons, l leur déplacement dans un temps très-court, et p la tension de la vapeur existant entre eux : le travail moteur sur le grand piston sera Apl, et le travail résistant, sur le petit piston sera apl : la différence sera donc $Apl - apl = p\,(Al - al)$, mais $Al - al$ est l'accroissement du volume de vapeur, par conséquent le travail est égal à celui qui est développé par cet accroissement, comme cela aurait lieu dans une machine à un seul cylindre ; tous les travaux partiels analogues seront aussi égaux, et, conséquemment, le travail total sera le même, de part et d'autre, si la tension et le volume sont aussi les mêmes à la fin de la détente.

Il arrive fréquemment que des machines d'épuisement ne doivent faire, au moment de leur installation, qu'un travail beaucoup moins grand que celui qui correspond à leur puissance, et qu'elles devront faire ultérieurement.

Il est donc intéressant de pouvoir calculer le degré de détente que l'on doit employer, pour obtenir, dans ces circonstances, la plus grande économie de combustible.

Nommons A la surface utile, en centimètres carrés, du grand piston ;

a la surface utile, en centimètres carrés, du petit piston ;

L la course des pistons ;

$l = \dfrac{L}{n}$, la course pendant laquelle l'admission de vapeur a lieu ;

12

$l'\ = mL$, la course correspondant à l'espace nuisible sous le petit piston;

$l''\ = ML$ la course correspondant à l'espace nuisible entre les pistons;

N le rapport entre le surfaces utiles des pistons;

P la tension de la vapeur admise;

p la tension moyenne dans le petit cylindre;

p' la tension finale » »

P' la tension initiale dans le grand cylindre;

p'' la tension moyenne » »

p''' la tension finale » »

p'''' la résistance dans le condenseur ou à l'air libre.

Le travail T' de la vapeur, dans le petit cylindre, sera, abstraction faite de toute résistance, $T' = aPl + aP\,(l+l')$ log. hyp. $\dfrac{P}{p'}$, ou

$$T' = \frac{aPL}{n} + aP\left(\frac{L}{n} + mL\right) \text{ log. hyp. } \frac{P}{p'}, \text{ ou enfin } T' = \frac{aPL}{n}$$

$\left\{ 1 + (1 + mn) \text{ log. hyp. } \dfrac{P}{p'} \right\}$; on a, par la loi de Mariotte,

$$aP\,(l+l') = ap'\,(L+l'), \text{ ou } \frac{aPL}{n}\,(1+mn) = ap'L\,(1+m),$$

d'où $p' = \dfrac{P\,(1+mn)}{n\,(1+m)}$; et il en résulte que

$$T' = \frac{aPL}{n} \left\{ 1 + (1 + mn) \text{ log. hyp. } \frac{n\,(1+m)}{1+mn}. \right\}$$

Le travail continue de la tension moyenne p est égal au travail T', donc $apL = \dfrac{aPL}{n} \left\{ 1 + (1+mn) \text{ log. hyp. } \dfrac{n\,(1+m)}{1+mn} \right\}$

d'où $\quad p = \dfrac{P}{n} \left\{ 1 + (1 + mn) \text{ log. hyp. } \dfrac{n\,(1+m)}{1+nm} \right\}$ (1).

Le travail de la vapeur jusqu'au point d'équilibre sera

$$\frac{aPL}{n}\left\{ 1 + (1 + mn)\ \log.\ \text{hyp.}\ \frac{P}{p} \right.,\ \text{et, si l'on nomme } x \text{ la}$$

course, le travail de la vapeur à la tension p sera apx,

l'excès de travail sera donc $\dfrac{aPL}{n}\left\} 1 + (1 + mn)\right.$

$\log.\ \text{hyp.}\ \dfrac{P}{p}\left\} \right. - apx$, mais on a, par la loi de Mariotte

$$apx = aP\,(l + l') = \frac{aPL}{n}\,(1 + mn).$$

On a donc pour calculer les masses, dont la moitié de la force vive doit être égale à l'excès de travail,

$$\frac{Q}{2g}V^2 = \frac{aPL}{n}\left\{ 1 + (1 + mn)\log.\text{hyp.}\frac{P}{p}\right\} - \frac{aPL}{n}(1 + mn)\ \text{où}$$

$$\frac{Q}{2g}V^2 = \frac{aPL}{n}\left\}(1 + mn)\ \log.\ \text{hyp.}\ \frac{P}{p} - mn\right\{\ (2).$$

de $apx = \dfrac{aPL}{n}\,(1 + mn)$ on déduit $x = \dfrac{PL}{pn}\,(1 + mn)$.

Examinons ce qui aura lieu dans le grand cylindre :

La surface du petit piston est $a = \dfrac{A}{N}$: la vapeur admise dans le petit cylindre, à la tension P, pendant la course $l = \dfrac{L}{N}$, occupe, lorsque le petit piston a repris sa position initiale, 1° le volume $\dfrac{AL}{N}$ du petit cylindre; 2° l'espace nuisible AML entre les deux pistons, et sa tension devient P' : on a donc $P'\left(\dfrac{A}{N}L + AML\right) = \dfrac{A}{N}\cdot\dfrac{L}{n}\cdot P$, d'où

$$P' = \frac{P}{(1 + MN)\,n}.$$

La vapeur, à cette tension, occupant la volume $\frac{AL}{N} + AML$, ou $\frac{AL}{N} (1 + MN)$, se détend jusqu'à la tension p'''; son travail, abstraction faite de la résistance est donc

$$T'' = \frac{ALP'}{N} (1 + MN) \log. \text{ hyp. } \frac{P'}{p'''},$$

mais p''' étant la tension de la vapeur admise dans le petit cylindre et détendue dans l'espace nuisible AML, et dans le grand cylindre dont le volume est AL, on a

$$p''' (AL + AML) = \frac{P.A.L}{N.n} \text{ d'où } p''' = \frac{P}{(1 + M) N.n}$$

introduisant dans T'' les valeurs de P' et de p''', on a

$$T'' = \frac{AL}{N} \cdot \frac{P}{(1 + MN) \, n} \cdot (1 + MN) \log. \text{ hyp. } \frac{P}{(1 + MN) \, n} \cdot$$
$$\frac{(1 + M) \, N.n}{P}, \text{ d'où } T'' = \frac{APL}{N.n} \log. \text{ hyp. } \frac{(1 + M) N}{1 + MN}.$$

p'' étant la tension moyenne, son travail doit être égal à celui de la détente, et l'on doit avoir p''. $AL = T''$, d'où

$$p'' = \frac{P}{Nn} \log. \text{ hyp. } \frac{(1 + M) N}{1 + MN} \quad (3);$$

x étant la course à l'extrémité de laquelle la tension moyenne a lieu, le travail jusqu'à ce point, abstraction faite de la résistance, est $\frac{AP'L}{N} (1 + MN) \log. \text{ hyp. } \frac{P'}{p''}$, et le travail de p'' est $Ap''x$: l'excès de travail est donc $\frac{AP'L}{N} (1 + MN) \log. \text{ hyp. } \frac{P'}{p''} - Ap''x$: il faut trouver la valeur de $Ap''x$.

En ce point, la vapeur admise dans le petit cylindre à la tension P, occupe le volume Ax et l'espace nuisible AML, on a donc $(Ax + AML)\, p'' = \dfrac{A}{N} \cdot \dfrac{L}{n} \cdot P$, d'où $Ap''x = \dfrac{APL}{N.n}$

$— AML\, p''$, et l'excès de travail est $\dfrac{AP'L}{N}\, (1 + MN)\, \log.$

$\text{hyp.}\, \dfrac{P'}{p''} - \dfrac{APL}{N.n} + AMLp''$; mettant à la place de P' sa valeur et réduisant, on a pour la moitié de la force vive des masses,

$$\frac{Q'}{2g}\, V^2 = \frac{APL}{N.n} \left(\log. \text{hyp.} \cdot \frac{P}{(1 + MN)\, p''\, n} - 1 \right) + AMLp''\ (4).$$

La quantité n est la seule qui soit inconnue : elle sera déterminée par cette condition que la somme du travail de la vapeur à la tension moyenne p dans le petit cylindre, et à la tension moyenne p'' dans le grand cylindre, doit être égale à la somme de la résistance $1{,}21\, E$ de la machine et de Ap'''', résistance de l'air ou dans le condenseur.

On doit donc avoir

$aLp + ALp'' = (1{,}21\, E + Ap'''')\, L$, d'où $ap + Nap'' = 1{,}21\, E + Ap''''$ ou $p + Np'' = \dfrac{1{,}21\, E}{a} + Np''''$, ou enfin

$$\frac{P}{n} \left\{ 1 + (1 + mn)\, \log. \text{hyp.} \cdot \frac{n(1 + m)}{1 + mn}\, \log. \text{hyp.} \cdot \frac{(1 + M)\, N}{1 + MN} \right\}$$

$$= \frac{1{,}21\, E}{a} + Np''''\ (5).$$

Ainsi, au moyen de l'équation (5), on déterminera par tatonnements la valeur de n qui doit rendre le premier membre de l'équation égal au second : on introduira la valeur de n dans les équations (1) et (3) et on connaîtra

12*

p et p'', et avec ces valeurs de n, p et p'' on déterminera par les équations (2) et (4) les masses à mettre en mouvement pour le travail de chaque piston.

Application de ces formules.

Pour que l'on puisse voir plus facilement ce qu'il faut faire dans l'hypothèse qui nous occupe, nous supposerons que la machine qui devra élever 1200 litres d'eau par minute, de la profondeur de 400^m, ne doive fonctionner d'abord qu'à 300^m : on aura

$E = 19004^k,25$; $1,21\ E = 22995$ k; $a = 2980$; $A = 14898$; $L = 3,50$; $N = 5$; $P = 4,65$; $p'''' = 0,2066$, et nous supposerons que $m = 0,02$ et $M = 0,05$.

Le second membre de l'équation (5) est

$$\frac{1,21\ E}{a} = \frac{22995}{2980} = 7,7164$$
$$Np'''' = 5 \times 0,2066 = \underline{1,0330}$$

Il faut donc trouver la valeur de n qui rendra le premier membre $= 8,7494$.

Si dans le premier membre $\dfrac{P}{n}\Big\{ 1 + (1 + mn)$ log. hyp. $\dfrac{(1 + m)\ n}{1 + mn} +$ log. hyp. $\dfrac{(1 + M)\ N}{1 + MN} \Big\}$ dans lequel log. hyp. $\dfrac{(1 + M)\ N}{1 + MN} =$ log. hyp. $4,20 = 1,4350845$, on pose $n = 1,50$,

on trouve pour résultat 8,8113, valeur trop grande, donc n est trop petit.

Si l'on pose $n = 1,52$, on obtient 8,7396, valeur trop petite : donc n est trop grand, mais presque convenable.

Posant $n = 1{,}518$, on a

$3{,}063\,(1 + 1{,}03036$ log. hyp. $1{,}50273 + 1{,}4350845)$:
$3{,}063\,(1 + 1{,}03036 \times 0{,}4071833 + 1{,}4350845) = 8{,}7437.$

La différence n'étant que de $0{,}0057$, nous adopterons $n = 1{,}518$; en l'introduisant dans (1) $p = \dfrac{P}{n}\Big\{ 1 + (1 + mn)$ log. hyp. $\dfrac{n\,(1 + m)}{1 + mn}\Big\}$ on a $p = 3{,}063\,(1 + 1{,}03036$ log. hyp. $1{,}50273)$, et comme log. $1{,}50273 = 0{,}4072833$ $p = 4^k{,}348.$

Introduisant $n = 1{,}518$ et $p = 4{,}348$ dans l'équation (2)

$$\frac{Q}{2g}\,V^2 = \frac{aPL}{n}\Big\{ (1 + mn)\ \text{log. hyp.}\ \frac{P}{p} - mn \Big\},\ \text{on a}$$

$$\frac{Q}{2g}\,V^2 = 31949{,}6\,(1{,}03036\ \text{log. hyp.}\ 1{,}0695 - 0{,}03036),$$

$$\frac{Q}{2g}\,V^2 = 31949{,}6\,(1{,}03036 \times 0{,}067191 - 0{,}03036),$$

$$\frac{Q}{2g}\,V^2 = 1241{,}88.$$

La valeur de $n = 1{,}518$ étant introduite dans l'équation (3)

$$p'' = \frac{P}{N.n}\ \text{log. hyp.}\ \frac{(1 + M)\,N}{1 + MN}\ \text{on a}\ p'' = 0^k{,}8792,\ \text{et}$$

l'équation (4)

$$\frac{Q'}{2g}\,V'^2 = \frac{APL}{N.n}\Big(\text{log. hyp.}\ \frac{P}{(1 + MN)\,p''\,n} - 1\Big) + AMLp'',\ \text{donne}$$

$$\frac{Q'}{2g}\,V'^2 = 31945{,}31\,(\text{log. hyp.}\ 2{,}7873 - 1) + 2292{,}21,$$

$$\frac{Q'}{2g} \, V'^2 = 31945,31 \ (1,0250733 - 1) + 2292,21.$$

$$\frac{Q'}{2g} \, V^2 = 3093,18$$

Les masses nécessaires seront donc données par

$$\frac{Q+Q'}{2g} \, V^2 = 4335,06, \text{ et en faisant } V = 1,50, \text{ on trouve}$$

$$Q + Q' = 37802 \text{ k.}$$

La vapeur sera admise pendant une partie de la course totale égale à $\dfrac{L}{n} = \dfrac{3,50}{1,518} = 2^m,305.$

Appareil donnant la vitesse d'un piston en un point quelconque de sa course. (Hodochronomètre.)

L'effet des masses qu'une machine d'épuisement met en mouvement, dépend de la vitesse initiale du piston.

Le travail de métiers mus par une machine à rotation dépend souvent de la régularité de la vitesse angulaire de l'axe moteur.

Il est donc important de pouvoir contrôler la vitesse initiale du piston de la machine motrice, pour que, s'il s'agit d'une machine d'épuisement, elle atteigne le degré de détente voulue, sans dépasser la course déterminée, ce qui pourrait donner lieu à des accidents graves, et pour que, s'il s'agit d'une machine à rotation, l'accroissement et le décroissement de la vitesse du piston à vapeur, pendant sa marche directe ou rétrograde, soient proportionnels aux nombres que nous avons donnés dans la colonne 4 du tableau 1, et qui indiquent sa course pour le mouvement angulaire de la manivelle de 7°.30′ en 7°.30′.

Nous proposons d'employer, pour obtenir ces renseignements, un instrument dont voici la description :

Un pendule ayant la forme d'un T, et dont la branche verticale, qui porte la lentille, a une longueur telle que l'oscillation se fasse en une demi-seconde, commande, par une extrémité de sa traverse, une petite bielle attachée à un porte-crayon guidé entre deux coulisses.

Cette bielle et ce porte-crayon sont équilibrés par un contre-poids placé à l'autre extrémité de la traverse.

A chaque oscillation, le crayon monte ou descend de 30 millimètres ; conséquemment chaque millimètre correspond à $\frac{1}{60}$ de seconde.

Le moteur entraîne devant le crayon, en l'enroulant sur un cylindre, une bande de papier roulée sur un cylindre parallèle au premier, et il la fait passer devant une plaque qui l'oblige à recevoir l'empreinte du crayon. Celui-ci tracera donc, à chaque oscillation, une courbe descendante ou montante, dont la projection verticale représentera la demi-seconde, et dont la projection horizontale représentera le chemin parcouru par le piston pendant ce temps.

Par conséquent, la bande de papier parcourant un chemin égal au dixième de la course du piston, si l'on veut connaître la vitesse de ce piston entre deux points quelconques de sa course, il faudra porter ces deux points sur la ligne horizontale, y élever des lignes verticales jusqu'à la courbe, et compter le temps écoulé entre ces deux points.

Cet instrument peut donc servir à mesurer le temps et le chemin parcouru, pendant que l'indicateur de pression donne le diagramme du travail pour un mouvement d'une machine à vapeur, et ces deux instruments offriront ainsi tous les éléments nécessaires pour le calcul du travail, et pour vérifier, s'il y a lieu, la régularité du mouvement.

Cet instrument est l'objet d'un brevet d'invention.

TABLE DES MATIÈRES.

www.ingramcontent.com/pod-product-compliance
Ingram Content Group UK Ltd.
Pitfield, Milton Keynes, MK11 3LW, UK
UKHW021738090726
13657UKWH00002B/793